CONDITIONS

DES

BAUX RURAUX

PARIS. — IMP. SIMON RAÇON ET COMP., RUE D'ERFURTH, 1.

CONDITIONS

DES

BAUX RURAUX

ENTRETIENS ENTRE UN PROPRIÉTAIRE ET SON FERMIER
SUR LA PRATIQUE DE L'AGRICULTURE

LECTURES A L'USAGE DES ÉCOLES PRIMAIRES RURALES ET DES ÉCOLES NORMALES

PAR

L. STENFORT

ANCIEN SOUS-DIRECTEUR DE L'ÉCOLE NORMALE DE RENNES

PARIS

F. SAVY, LIBRAIRE-ÉDITEUR

RUE HAUTEFEUILLE, 24

1869

PRÉFACE

Voici un petit ouvrage qui a obtenu de la Société d'agriculture de Brest, une médaille d'argent et une médaille de bronze, cette dernière pour la formule de bail seulement, et de la Société d'agriculture du département de l'Ain, une mention très-honorable.

Est-ce un passe-port suffisant pour une rapide et utile circulation?

Nous l'espérons.

Nous croyons en outre au succès, à cause de la mise en œuvre du principe de l'association entre le propriétaire et le fermier, dans des conditions qui ne dépassent pas leurs ressources.

Dans ses entretiens l'auteur fait entrer une certaine somme de données générales sur la pratique de l'agriculture, à ce point que le plus grand nombre des questions posées par le nouveau programme de l'enseignement agricole pour les écoles primaires rurales et les écoles normales, se trouve agité entre le propriétaire et le fermier; on peut se convaincre de cela en parcourant la table alphabétique qui servirait, au besoin de questionnaire, après la lecture des entretiens dans les écoles.

Si le livre n'a pas la disposition méthodique d'un traité, la formule du bail est du moins un cadre heureux de données pratiques prêtant à la discussion entre les deux parties pour leur profit commun.

Le public agricole fera donc un bon accueil à ce travail reproduit déjà par plusieurs journaux d'agriculture de France et de Belgique.

Les élèves des écoles rurales et des écoles normales, accepteront avec plaisir, sans doute, ces enseignements de l'un de leurs maîtres et amis, ancien sous-directeur de l'école normale primaire de Rennes.

Les notaires trouveront toutes codifiées par leur ancien collègue les plus saines doctrines en matière de baux ruraux, et quand ils seront appelés, par l'une ou l'autre des parties, à soigner ses intérêts exclusifs, il leur sera facile d'établir qu'il n'y a plus qu'une communauté d'intérêts, qui est le grand signe des temps nouveaux en agriculture.

Les sociétés d'agriculture pourront donner en prime, dans leurs concours, ce petit code des conventions, entre propriétaires et fermiers, et affirmer à chacun que, si les stipulations sont consciencieusement appliquées, la prospérité se fera pour tous, parce que c'est l'harmonie là où régnait l'antagonisme.

L'ÉDITEUR.

CONDITIONS

DES

BAUX RURAUX

ENTRETIENS

ENTRE UN PROPRIÉTAIRE ET SON FERMIER

Pour préparer la solution de la question des baux, il nous a paru utile de déterminer d'une manière précise ce que chacune des parties intéressées à la prospérité de la ferme doit apporter, afin d'avoir droit à un profit en fin de bail.

C'est ainsi que nous avons été conduits à établir dans le bail des clauses de culture concernant le résultat agricole. Si le fermier était dans des conditions à faire lui-même ce que le propriétaire lui impose, l'intervention de celui-ci serait nécessairement moins fréquente, quoique toujours obligée au point de vue où nous nous mettons.

On pourra critiquer cette intervention, comme ne laissant pas assez d'initiative au fermier; mais quelle a été cette initiative jusqu'à ce jour? Le cultivateur est aussi vieux que le monde, et qu'a-t-il fait de la terre? D'ailleurs, nous croyons au bienfait de l'association, dont le contrat de société est l'application réduite, et c'est sous la rubrique de la liberté des conventions, article 1134, C. N., que nous entendons nous placer, bien plus que sous les prescriptions légales relatives au contrat de bail qui ressemble trop au contrat de vente : *locationem sœpè venditionem appellarunt et conductorem emptorem.*

Il ne parait pas, en effet, suffisant pour la prospérité agricole, ni pour le bénéfice du fermier et du propriétaire, que ceux-ci soient tenus de se renfermer dans le cercle étroit tracé par l'article 1709, C. N., où il ne s'agit pour le propriétaire que de *faire jouir*, et pour le fermier que de *payer un prix*. Il va sans dire que les conditions introduites aux fins proposées sont toujours relatives au sol, au climat et au débouché. C'est pourquoi nous avons été obligés de spécialiser, pour le pays que nous habitons, car se lancer dans l'établissement de conditions générales de culture, pour toute la surface de la France, c'eût été vouloir atteindre l'impossible. Chacun verra, du reste, ce qu'il devra modifier à raison du milieu où il se trouvera. On comprend que nous avons dû consulter le nôtre, parce qu'il nous est connu, et cette observation nous dispense de justifier l'assolement biennal ou de présenter d'autres systèmes d'assolement. Qui dit système dit l'emploi des moyens relativement les meilleurs, et on sait qu'en agriculture il n'y a guère que du relatif.

Nous avons voulu que l'intelligence agît plus que l'argent tout d'abord ; celui-ci, apparaissant successivement avec le résultat, donne à son tour, au fermier du moins, des éléments nouveaux, jour par jour, année par année. Le fermier ne déboursera qu'après avoir récolté, le propriétaire aura aidé à l'achat des premiers outils, des premières semences, des premiers engrais, etc..... Le fermier complétera au fur et à mesure qu'il acquerra les moyens de compléter.

L'impulsion donnée, tout va de soi. Car le capital ne faisant pas défaut, l'intelligence en dirige l'emploi.

Dans les entretiens avec le fermier, nous avons essayé de faire ressortir le sentiment d'équité qui présidait à l'établissement de la clause de sortie, clause capitale que nous avons préparée avec une attention toute spéciale, pour ne gêner aucune des parties par l'obligation de dépenses importantes. Les grandes améliorations foncières ne sont point abordées ; nous les rangeons dans les cas exceptionnels de culture, et nous avons eu en vue une réforme générale immédiatement applicable partout.

PREMIER ENTRETIEN

Les promesses du propriétaire.

Lettres d'un propriétaire à son fermier :

« Mon cher Jean, j'ai recueilli, dans la succession de mon oncle, la ferme que ta famille exploite depuis longues années. Le bail courant expire prochainement; avant de le renouveler, comme tu le demandes, j'ai besoin de causer avec toi au sujet des conditions *nouvelles* que je veux introduire dans nos stipulations.

« Je t'attends au premier jour; nous aurons probablement besoin de nous voir plusieurs fois avant de conclure, et comme le temps presse, pour nous deux, de nous mettre d'accord ou de nous *séparer*, nous avons un intérêt commun à ne pas différer plus longtemps.

« Tout à toi. »

Cette lettre jeta le trouble dans la famille du fermier; on se demanda quelles étaient les conditions nouvelles quand le bail courant occupait six rôles d'expédition, et quelle était la portée de ces conditions, puisqu'elles pouvaient aller jusqu'à produire une séparation. Tout le monde s'arrêta à l'idée d'une forte augmentation de prix du bail, et on se lamentait. La ferme rendait tout ce qu'elle pouvait rendre sous le rude travail de la nombreuse famille, et ce rendement ne fournissait qu'aux premiers besoins et au payement du fermage ; comment suffire à une aggravation de prix ? Faudrait-il quitter ces lieux, où les générations de la famille se sont succédé depuis des siècles ? Dure nécessité ! La famille délibéra qu'il valait mieux essayer des sacrifices et rester dans des lieux si chers ; après tout, on redoublerait d'ardeur et Dieu n'abandonnerait pas ses enfants.

— Bonjour, Jean, je suis ravi de ton empressement à te rendre à mon appel. Mais tu as l'air bien triste ; pourquoi donc ?

— Votre lettre, monsieur, parle de *conditions nouvelles* et même de *séparation !* Cela n'est pas rassurant, et en me voyant partir, ma femme et mes enfants ont versé bien des larmes, quoique nous ayons confiance dans votre bon cœur !

— J'espère bien, mon cher Jean, que tu seras bientôt moins troublé. Non-seulement je n'ai pas l'intention d'augmenter le prix de fermage, ni de me séparer de toi, mais je veux, par les *conditions nouvelles*, si tu les acceptes, ajouter à ton aisance, y ajouter beaucoup, et en même temps donner à ma ferme plus de valeur qu'elle n'en a.

— Ah ! monsieur, soyez béni ! Quel bon maître nous allons avoir ! Quoi, vous ne demandez pas un écu de plus, je serai plus à l'aise, et votre ferme vaudra plus cher ?

— Certainement.

— Eh bien ! je ne comprends rien à cela, moi !

— Je m'en suis douté, et c'est pourquoi je t'ai écrit que nous aurions besoin de causer *plusieurs fois* ensemble. Puisque je te promets de si belles choses, tu me promets bien aussi de m'écouter tout au long.

— Oh ! tout au long !

— Cela t'ennuiera peut-être un peu : comme tu n'es pas instruit, j'aurai beaucoup de choses à t'apprendre.

— En agriculture ?

— Sans doute ! cela t'étonne ?

— Dame ! monsieur, à chacun son métier, et les vaches sont bien gardées !

— C'est cela, Jean, et je prétends t'apprendre à mieux garder tes vaches.

— Ah ! par exemple !

— Tu verras ; écoute-moi bien. Fais-moi des questions tant que tu voudras, quand tu ne comprendras pas, et je te promets que nous tomberons d'accord.

— Je ne demande pas mieux, monsieur, j'écoute.

— Depuis bien des années, ma famille a transmis à la tienne, de neuf ans en neuf ans, la jouissance de sa propriété, qui restait à ses *risques et périls*, et dont tu faisais à peu près l'usage que tu voulais. Tu n'avais pour ainsi dire qu'une *obligation* rigoureuse, celle de *payer* exactement au terme convenu, et on n'était obligé envers toi qu'à une seule chose, te *faire jouir*[1]. Le beau profit de cette convention apparait aujourd'hui : tu es pauvre et la terre ne s'est pas améliorée depuis que ta famille la fait valoir. Tous les neuf ans, l'incertitude pesait sur vos destinées, et cependant une nouvelle période n'ajoutait rien à l'aisance de la précédente. Ne te semble-t-il pas, Jean, qu'il doit y avoir quelques causes à ce mal, et que l'on doit pouvoir y porter remède?

— Sans doute; mais comment faire? Nous travaillons tous autant que possible, nous vivons de privations, et je ne vois pas ce que nous pourrions faire de plus.

— C'est pour te l'apprendre, mon cher Jean, que je t'ai fait venir.

D'abord, pour réussir en agriculture comme en toutes choses, il convient de se faire aider le plus possible par la nature et par la science; on arrive ainsi à ménager ses forces pour les répartir sur un plus grand nombre d'objets, de manière à donner à chacun les soins du maître. Si la nature te donne de l'eau à deux cents mètres de distance, cette eau te coûtera pour aller la chercher, tous les jours; mais si, par un léger travail, tu la conduis dans ta cour elle ne te coûtera plus rien et sera beaucoup plus à ta disposition, tu utiliseras ainsi un don de la nature. Si cette eau est abondante, tu l'emploieras

[1] Art. 1709. C. N.

pour faire marcher la machine à battre, le hache-paille, le coupe-racine, la baratte, un moulin même, etc., tu l'emploieras en irrigation sur tes prés, l'eau est souvent alors un engrais gratuit et suffisant. Il serait facile de te citer beaucoup d'autres exemples d'utilité que l'on retire de la nature, par la coopération peu onéreuse du travail.

De même, tu pourras retirer des travaux de la science des avantages très-remarquables. L'homme, par les efforts de son intelligence, trouve dans son cabinet des combinaisons utiles que le praticien, comme toi, ne peut pas trouver. La confection des nouveaux instruments d'agriculture a pour base des principes scientifiques, dont tu ne peux te douter, et dont le résultat est de faire plus vite et mieux, en réduisant la coopération du travail du cultivateur.

Ainsi donc, cherche et prends autour de toi ce que la nature te donne gratuitement, ou en demandant le concours de travail le plus léger possible, et utilise les instruments et les méthodes perfectionnées qui tendent à diminuer les charges de ton intervention dans les travaux de chaque jour.

Pour que tu puisses appliquer ce premier conseil, je formulerai des conditions que je soumettrai à ton appréciation en les motivant ; je ne te demande que du bon vouloir dans l'application, un peu de soumission aux décisions de la science, sanctionnées par l'expérience, et quelques légers sacrifices.

— Mais, monsieur, je crains une chose : c'est

que vous deveniez plus maître que moi, dans ma ferme.

— Plus ! non ; mais autant peut-être tout d'abord, jusqu'à ce que tu puisses marcher seul. D'ailleurs, ne vais-je pas m'enchaîner moi-même? Je veux être quelque chose comme ton associé, et t'apporter, en échange de l'application utile que tu feras de mes conseils, le concours de mon savoir et de ma bourse.

— Vous, monsieur, mon associé. Oh ! bien sûr, je ne pourrai pas vous donner une grande part, puisque, déjà, je n'ai pas suffisamment pour ma famille, et puis, en fin de bail... mais, non... réservons cela...

— Très-bien ! je serai ton associé par mon savoir, cela ne doit pas trop t'étonner, car, à la société d'agriculture dont je veux que tu fasses partie, comme moi, on apprend d'excellentes choses : il y a là des praticiens qui nous apportent à l'appui de leurs théories, des blés, des racines, comme n'en ont certainement pas ceux qui restent isolés dans leurs fermes.

Je serai ton associé par l'intervention de ma personne dans la surveillance de l'application des conditions dont nous serons convenus.

Je serai ton associé par le capital, en te faisant les avances convenues pour certaines améliorations, sur lesquelles nous serons aussi d'accord.

Et j'espère bien qu'en fin de compte, tu reconnaîtras que, tout seul, tu n'aurais pas aussi bien soigné tes intérêts, que si je n'étais pas intervenu.

Mettons en commun, mon cher Jean, sous le principe tutélaire de la liberté des conventions[1], tout ce que nous pourrons en vue d'un bénéfice commun, le plus considérable possible. Je t'ai dit, en gros, mon apport; tu l'apprécieras dans les détails. Ton apport, à toi, consistera dans plus d'initiative, une certaine docilité dans la pratique, et quelques déboursés sans importance, en échange de quoi tu te fatigueras moins et tu récolteras plus. Ma récolte, à moi, ne viendra qu'en fin de bail, tandis que toi tu récoltes, à ce moment-là aussi, après avoir récolté chaque année des produits plus abondants que du temps où tu étais le maître absolu, à charge de redevance.

Aujourd'hui, je te demande le plus et tu me donnes le moins possible, nous sommes comme deux ennemis dont la victime est la terre : elle qui nous donne tant, nous ne lui rendons presque rien; nous la ruinons sans nous enrichir. Mais, bientôt, nous allons l'enrichir pour notre compte commun. Voici comment j'explique ce dernier point, en ce qui te concerne :

Je suppose que, par suite d'une bonne entente, nous ayons élevé le degré de fertilité de la terre, de manière à lui donner une plus-value d'af-

[1] Art. 1134. C. N.

fermage de 1,000 francs par an, au moment où ton bail est sur le point d'expirer. Si je retenais pour mon compte personnel cette plus-value à laquelle tu as contribué, je ferais un acte injuste. D'un autre côté, tu dois reconnaître que la concurrence et le progrès dans la culture ajoutent chaque jour à la valeur locative de ma ferme comme à celle de toutes les fermes en général ; en sorte que l'on peut dire, sans injustice, que l'augmentation de valeur est le produit de deux facteurs : le temps et le travail. En conséquence de cela, je te ferai une proposition quelconque pour bien déterminer la plus-value d'affermage et te donner ta part en proportion équitable.

Alors tu n'aurasplus de raison de craindre d'avoir, pendant la durée du bail, travaillé pour moi ou pour un nouveau fermier. Ce que tu auras fait pour la terre, te profitera au delà du temps après lequel, dans la condition actuelle, tu n'as plus rien a attendre. Tu te seras créé un capital ou une rente de plus pour aller ailleurs ou rester ici dans des conditions meilleures.

— Ah ! monsieur, que de belles choses vous me dites. Si je ne comprends pas tout, je ferai du moins mon possible pour vous suivre en si beau chemin.

— C'est bien, Jean, service pour service, et nous nous entendrons ; nous arriverons à notre fin, qui ne sera pas celle que tù appréhendais quand tu es venu me voir. Retourne vers ta famille, et dis-lui, à ta manière, qui sera la bonne, j'en suis certain, ce que je veux faire.

Je te donnerai de bonnes instructions et tu les suivras.

Je t'avancerai de l'argent pour acheter des instruments, des engrais marins, des graines, de beaux animaux, etc., et tu me le rembourseras quand tu auras récolté.

Je te ferai obtenir des produits meilleurs et plus abondants, pendant le cours de ton bail, et avec moins de peine.

Et si tu me quittes, en fin de bail, ce que je ne crains pas, tu auras ou une certaine somme immédiatement disponible, ou une certaine rente qui t'indemnisera de ce que tu auras laissé de plus-value dans la terre, à ta sortie.

Je t'ajourne à huitaine.

DEUXIÈME ENTRETIEN

Conditions nouvelles.

— Me voici de retour, monsieur, mais je n'ai pu faire comprendre à ma femme et à mes enfants ce que vous avez eu la bonté de me dire. C'est ma faute, sans doute! On trouve cela si fort, que personne ne veut y croire, et que mes voisins consultés se sont moqués de moi, en me disant : « Tous ces messieurs sont comme cela ! Ils deviennent laboureurs dans les livres, et mettent le feu au prix des fermes. Si tu écoutes ton propriétaire, d'abord tu ne seras pas maître chez toi, et ensuite il te prendra tout ce qu'il pourra. Ne l'écoute pas ! » Je suis venu pourtant, monsieur, me confiant à vos bontés.

— Oui, à la manière dont tu dis cela, tu n'es pas plus fier qu'il y a huit jours. Allons, avoue-le?

— Ma foi, c'est vrai, monsieur, et pourtant j'ai le désir de bien faire.

— Eh bien entrons dans les détails, et discutons comme je te l'ai dit, non pas sur toutes les conditions du bail, mais sur les conditions *nouvelles* qui doivent procurer des avantages pour toi, pour moi et pour la ferme.

1° Entretien des chemins.

— Je te propose, pour l'entretien des chemins, la clause suivante :

« Chaque année, au printemps, les preneurs fe-
« ront une revue de tous les chemins particuliers
« de la ferme, les dresseront et empierreront de
« manière à les rendre sûrs et praticables pour
« toutes espèces de voitures et charrettes, en tous
« temps et toutes saisons. »

Que penses-tu de cette clause, Jean?

— Je comprends bien, monsieur, que vous désiriez venir chez moi avec plus de commodité pour votre belle voiture, ou même à pied ; mais je trouve les chemins suffisamment beaux comme ils sont, et, si j'y jette mon argent, je ne vois pas ce qu'il me rendra, et en quoi le fonds de votre ferme sera amélioré; le double profit que vous m'avez promis ne se trouvera certainement pas ici. Croyez-moi, laissons les chemins comme ils sont; personne, chez moi, ne s'en plaint, et vous m'imposez une charge sans compensation?

— Au début, mon cher Jean, je vais te livrer la plus rude bataille ; car, pour ceci, je ne t'offre pas le concours de mon capital, le propriétaire doit ouvrir les chemins, les livrer empierrés, mais il n'a pas charge de les entretenir. Je maintiens ma clause, et j'entends en assurer l'exécution complète. Tes objections naissent de l'état d'inertie où tu t'es confiné, état dont il faut absolument que tu sortes. Je vais t'énumérer quelques-uns des avantages des beaux chemins :

Les véhicules et les animaux fatiguent moins, durent plus longtemps, et portent un poids double et sans secousses.

Tu entreras dans ta ferme et tu en sortiras avec agrément tous les produits, engrais et matériaux quelconques.

Le temps et l'argent que tu auras dépensés en beaux chemins, te donneront un beau profit, en facilitant aussi tes transactions de toute nature.

Si le cultivateur doit être un bon commerçant, c'est à la condition de tenir toujours la marchandise à la disposition de l'acheteur, et de pouvoir emmagasiner en toute occurrence les produits qu'il achète pour la consommation ou la revente.

Le gouvernement est tellement pénétré des avantages que les chemins nombreux et commodes procurent aux populations, qu'il répare partout les chemins publics, qu'il en crée de nouveaux, et que les chemins de fer arriveront peut-être sans trop tarder à relier entre eux les cantons. Ce que cela coûte, le gouvernement n'y regarde pas, parce qu'il sait ce que cela rend. Compare toi-même la différence entre la manière d'être d'un fermier qui est sur le bord d'un bon chemin, et celle d'un fermier qui est enfoncé dans une chaumière sans issue. Le premier est industrieux, actif, produit tout ce que sa terre comporte de plus en rapport avec le débouché d'un accès facile et sous la main. Le second est nonchalant, paresseux, ignorant, n'obtenant que des produits peu variés, insuffisants à une bonne existence, et d'un prix peu rémunérateur.

L'homme ne vit en société qu'à la condition de faire des efforts pour satisfaire ses besoins ; mais ses efforts doivent être intelligents, utilisant ce que Dieu met sous la main et ce que les hommes inventent, comme je te l'ai déjà dit.

Celui qui produit mal, recevra peu en échange. La cause de la richesse est dans la valeur des services rendus et reçus. Si j'ai de la fortune, c'est que mon oncle et moi nous l'avons méritée par nos services intelligents. Si nous étions allés nous cacher dans la forêt ou nous perdre dans des chemins défoncés, nous serions certainement pauvres et malheureux.

Les beaux chemins facilitent les échanges, les ventes et les achats, et sans ces opérations il n'y a pas d'existence sociale possible; plus elles sont multipliées, plus les satisfactions sont complètes. Dans l'isolement, nos besoins surpassent nos facultés; tandis que dans l'état social, l'homme, en une seule journée, consomme des choses qu'il ne pourrait produire lui-même dans dix siècles.

— Oh! pour cela, ça n'est pas bien clair, monsieur. Cependant, je comprends qu'il y a intérêt pour moi à entretenir les chemins particuliers de la ferme, et surtout celui que je fréquente le plus et qui me conduit au chemin vicinal.

— Et tu n'iras pas plus loin dans tes améliorations de chemins? Pour le moment, je n'exige rien à l'occasion des chemins ruraux, qui raccourcissent le parcours pour l'apport des engrais marins; mais je te préviens qu'au prochain bail, j'introduirai la clause suivante:

« Les fermiers devront essayer de s'entendre pour
« l'entretien des chemins ruraux qu'ils pratiquent
« avec tous les autres fermiers riverains de ces
« mêmes chemins. S'ils ne parviennent pas à cette
« entente, ils devront néanmoins faire l'entretien
« dans la même proportion que si l'entente existait. »

J'espère, toutefois, que d'ici à peu d'années, les

communes seront tenues par la loi d'ouvrir et d'entretenir les chemins ruraux comme les chemins vicinaux.

Le commerce de nos semblables est un élément de bien-être dont vous autres, laboureurs, ne tenez pas assez compte. Les chemins le faciliteront. Vous pourrez mettre plus de choses en commun; l'outillage pourra passer d'une ferme à l'autre dans bien des cas. Moins d'écus y étant employés par chaque ferme, il en restera davantage à chacun pour le capital de roulement ou pour d'autres emplois.

2° Plantations et arbres fruitiers.

Clause :

« Le propriétaire fournira, à ses frais aux pre-« neurs, les plants d'arbres à bois et à fruits, de « l'essence et de la qualité qui lui paraîtront les « plus convenables.

« Les fermiers feront le transport de ces plants « à la ferme, feront les fosses et la plantation sous « la direction du propriétaire, et entoureront au « besoin les plants avec de la lande, des épines ou « de la paille cordée, pour les garantir contre l'at-« teinte des animaux ou des instruments de cul-« ture.

« Les plants à fruits qui ne seront pas greffés « lors de la plantation, le seront dans les trois an-« nées qui suivront et aux frais du propriétaire.

« Le propriétaire se réserve de recourir, si cela « lui convient, pour le tout ou pour partie, à la pé-

« pinière dont il sera question plus loin, toujours « à charge de greffer avant ou après la plantation « qui incombe aux fermiers dans les conditions qui « viennent d'être faites.

« Si les terrains où sont plantés les arbres frui- « tiers étaient laissés à repos, les fermiers seraient « tenus de bêcher chaque printemps, au pied de « ces arbres, dans un rayon d'un mètre. »

Pour tous les avantages que doit te procurer la réalisation de cette clause, je ne te demande qu'une chose, de la main-d'œuvre dans la saison où les travaux sont le moins actifs, c'est-à-dire à l'automne ou à la fin de l'hiver.

Voyons donc quels sont ces avantages?

L'harmonie d'aspect va s'établir sur tous les champs de la ferme : c'est quelque chose que d'avoir l'œil satisfait par une bonne disposition des clôtures.

A la condition d'avoir des tiges peu élevées sur les talus, la cueillette des fruits pourra se faire sans main-d'œuvre pénible.

Tous les champs auront un abri égal contre les vents qui se briseront de clôture en clôture, à une hauteur suffisante, pour que les récoltes soient soustraites à leur influence malfaisante.

Par leur peu d'élévation sur les talus et par la distance qui les séparera, les arbres laisseront une libre circulation à l'air et ne projetteront sur les récoltes qu'une ombre peu étendue et successivement remplacée par la lumière. Tu sais que si l'ombre est favorable au développement de la partie herbacée de la plante, elle peut nuire par son intensité à la qualité et à la fructification.

Les produits des arbres à fruits ne te coûteront que la main-d'œuvre pour la récolte, et si tu veux cultiver l'ajonc sur les talus, entre les fruitiers, tes clôtures ne te feront pas perdre un pouce de terrain. L'ajonc cultivé est la luzerne de l'hiver, excellente nourriture pour les chevaux et les vaches.

Enfin tu retireras de tes fruits un certain produit que tu n'as jamais eu, et qui, joint au produit de l'ajonc, sera bien supérieur à celui de quelques fagots coupés tous les six ans, après que, par leur ombre, ils t'ont causé un préjudice supérieur à leur rendement.

Je veux planter sur la ferme des pommiers, des poiriers, des cognassiers, des néfliers, des pruniers, des cerisiers, le tout en espèces variées à raison de la qualité, de l'époque de la floraison et de la maturité, de manière à équilibrer les chances que les intempéries font courir, et à pourvoir aux besoins de toute l'année.

— Je vois bien vos bonnes intentions, monsieur, mais vous comptez sans les oiseaux, sans les maraudeurs et sans mes enfants. J'aime mieux mes émondes, et j'ai déjà assez de landiers qui me fournissent de l'ajonc, dont mes bêtes ne sont pas aussi friandes que vous le dites. Vous ne m'avez rien communiqué encore au sujet des essences à bois. Vrai, j'aime mieux celles-ci que les autres. Et puis, vous allez démolir mes talus par l'arrachage des souches et des racines ; les referez-vous ?

— Mes intentions sont bonnes, comme tu le dis, et elles sont réalisables, car je les ai vues réalisées dans la commune de Plougastel, qui fournit à une partie de la ville de Brest, sous le rapport de la consommation des fruits. Les oiseaux n'en prennent que leur part ; et pourquoi la leur refuser, quand ils détruisent les nombreux ennemis de nos plantes ? Il n'y a plus là de maraudeurs depuis que tout le monde a sous la main les objets de sa convoitise, et les enfants y deviennent les hommes les plus sobres et les plus robustes du littoral. Quant aux landiers que les habitants possédaient aussi en certaine quantité, à l'état inculte, ils en ont fait des vergers ou des champs de fraises. Je suis de ton avis, tu as trop de landiers ; nous parlerons de cela bientôt, mais non pour les conserver.

Si je mets sur les talus intérieurs de la ferme les essences à bois, nous aurons de grands arbres qui nous gêneront, dans ce pays où le soleil est peu ardent et la lumière peu vive ; mon avis serait d'en faire une ceinture aux terres de la ferme ; qu'en penses-tu, Jean ?

Et quant à la démolition des talus et leur rétablissement régulier, je t'abandonnerai, en compensation, toutes les souches et les racines, à titre d'indemnité; ou bien, si tu le préfères, je ferai le travail à mes frais, gardant les produits, qui sont ma propriété aussi bien que les billes des arbres.

— Enfin, je ne suis pas tout à fait convaincu : j'ai toujours l'appréhension de travailler pour un remplaçant : n'était cela, vous viendriez plus vite à bout de moi.

— Eh bien ! suppose que tu ne quitteras que quand tu le voudras, et détermine-toi, d'après cela : à notre dernière clause, tu seras parfaitement tranquillisé.

— Va donc pour une ceinture des terres de la ferme, des plantations de fruitiers sur les talus intérieurs avec la culture de l'ajonc ; je referai les talus, mais si les souches ne m'indemnisent pas, vous parferez l'indemnité.

— C'est dit, d'autant plus volontiers que je te garantirai même un bénéfice. J'ai déjà fait pareille opération.

3° Assolement des terres.

Clause :

« Dans la culture des terres de la ferme, actuel-
« lement sous labour, les fermiers pratiqueront
« l'assolement biennal suivant :

« Première année : Racines et tubercules en
« ligne avec choux, fumiers d'étable et d'écurie de
« vingt charretés de 1,000 kil. chacune, à l'hectare,
« y compris quatre gabarrées de maërl et de trez,

« mélangées aux fumiers dans les étables et dans les « écuries. Le prix d'achat de ces sables, pendant « les quatre premières années, sera déduit du prix « de fermage, à concurrence de 200 fr. par an.

« Les semences de racines en place recevront en « outre un engrais pulvérulent; les racines repi- « quées et les choux recevront un manou composé « avec des urines et des matières fécales, du ter- « reau ou de la tourbe desséchés et pulvérisés.

« Deuxième année : Céréales variées d'hiver en « ligne et de printemps à la volée.

« Immédiatement après la coupe, les céréales « seront suivies de colza, moutarde blanche, na- « vette, vesce, trèfle incarnat, blé noir ou seigle « en récolte dérobée pour être consommés ou en- « fouis.

« 10,000 kil. de fumier seront appliqués, si c'est « possible.

« La succession des plantes sur la même sole se « fera de manière que le même produit ne revienne « à la même place que tous les quatre ans.

Pour justifier la clause qui t'impose un assolement quelconque, il y a bien des raisons à te donner.

Je vais essayer de te mettre sous les yeux les plus importantes :

L'assolement a pour but de fixer la proportion des diverses récoltes au double point de vue de l'équilibre entre la production et la consommation des engrais, ainsi que de la répartition des travaux d'attelages et de main-d'œuvre. (Lecouteux.)

L'objet le plus important dans le choix d'un assolement, est sans contredit de saisir le juste rapport qui doit exister entre la production et la force productive. (Schwertz.)

Chaque hectare exige 10,000 kil. de fumier par an; une tête de gros bétail n'en produit que 6,400 kil., et tu n'as pas une tête par hectare; il y a donc un déficit qu'il faut combler, mais comment, si tu as la prétention de produire toi-même tout ton fumier?

Ce sera en cultivant la moitié de tes terres arables, en fourrages variés, et en obtenant après les céréales des récoltes fourragères dérobées, parce qu'alors tu pourras nourrir deux têtes de gros bétail par hectare, d'autant plus que tu as des prairies représentant un quart de la surface de ta ferme.

L'engrais étant ainsi produit, voyons la manière de le consommer.

Il faudrait savoir l'espèce et la quantité de nourriture qui convient à chaque espèce de plante, comme on le sait à peu près pour chaque espèce d'animal. Ce dont on est certain, c'est que la plante ne prenant que l'engrais qui lui convient, laisse après elle dans la terre une partie qui peut spécialement convenir à une autre. En faisant succéder les plantes les unes aux autres, on a remarqué celles qui prospéraient le mieux dans cette succession, et la science elle-même est venue faire connaître l'aliment spécial d'un certain nombre de plantes ; la durée des assolements est basée en partie sur cette connaissance.

Mais le sol et le climat doivent aussi être consultés, pour la bonne consommation de l'engrais.

La ferme contient, en égale proportion, des terres légères et des terres fortes : les premières laissant déperdre plus facilement les principes fertilisant dans l'atmosphère, demandent un engrais plus fréquemment renouvelé, et devront être soumises aux assolements de courte durée ; sur ces terres, tu obtiendras des récoltes répétées, comme le jardinier dans un jardin, quand elles seront en état. Les secondes n'acquerront de force productive qu'après avoir retenu longtemps et utilisé dans les réactions chimiques les ferments qui leur sont apportés par les engrais. Il faudra donc plus de temps pour fertiliser les terres argileuses fortes, ou une plus abondante fumure à chaque récolte. Mais quand les terres de cette nature ont accumulé de la force productive, l'entretien de leur fertilité est facile, et leurs produits moins éventuels et supérieurs en qualité et en quantité. Dans ces terres, les récoltes dérobées enfouies sont d'un bon effet, surtout comme moyen de les exposer aux impressions de l'atmosphère.

Ainsi, production et consommation de l'engrais, à raison du climat et de la qualité des terres, sont choses désormais connues de nous.

Il nous reste, pour avoir épuisé la définition de M. Lecouteux, à causer de la répartition des travaux d'attelage et de main-d'œuvre.

Le propre des bons assolements est de ne laisser rien chômer. Voici un petit compte des pertes occasionnées par les attelages, quand ils ne sont pas constamment utilisés. Mon fermier François estime que la nourriture, l'entretien et l'usure d'un cheval lui coûtent annuellement. . . . 450 fr. »

A déduire le prix du fumier à 15 centimes par jour. 54 75

Il en coûte en définitive. . . . 395 25

Ses chevaux ne travaillant que cent vingt jours, la journée d'un cheval lui coûte ainsi 3 fr. 29. S'ils travaillaient deux cent cinquante jours, ce qui est désirable, la journée ne coûterait plus que 1 fr. 65. Par l'assolement biennal surtout, nous obtiendrons cette réduction de prix, car les chevaux seront occupés toute l'année, mais sans trop de fatigue, si tu fais usage des instruments que j'ai l'intention de te faire adopter. Ainsi ils auront satisfait à cette règle de comptabilité agricole, que les chevaux doivent payer leur nourriture, leur entretien et l'amortissement de leur prix d'achat, par du travail et de l'engrais.

Par un assolement bien réglé, il n'y a que très-peu de chômage pour les attelages et les animaux; les intervalles laissés libres sont utilisés pour les transports divers et les travaux non classés ou accidentels, se rattachant au mouvement commercial de la ferme ou à des améliorations de diverse nature.

Je suppose, mon cher Jean, que te voilà assez bien fixé sur la production et la consommation de l'engrais, en même temps que sur la répartition des travaux d'attelage et de main-d'œuvre. Dans les climats tempérés comme le nôtre, l'industrie n'intervient guère dans la ferme, puisque les rigueurs de l'hiver ne forcent point au chômage; c'est une circonstance de plus en faveur de l'assolement actif.

Il nous reste à savoir maintenant quel sera le rapport entre la production et cette force productive ; car c'est là l'objet, dit Schwertz, le plus important dans le choix de l'assolement.

Voyons ce que nous possédons de force productive et ce que nous devons espérer de production, la ferme étant supposée amenée à son état normal de richesse accumulée.

Sur notre ferme de 50 hect. de terres arables, nous en avons 25 sous racines, et comme nos céréales sont suivies de récoltes dérobées dans l'assolement biennal, 37 hect. sont réellement, chaque année, productifs de fourrages; notre force productive consistera donc dans la conversion en engrais de tous les fourrages, en les faisant passer par l'estomac des animaux, qui peuvent ainsi être appelés des machines à engrais, et dans l'application à la litière de toutes les pailles et matières herbacées non autrement utilisées. Je ne parle pas du produit des prairies, lesquelles ne sont pas dans l'assolement.

25 hect., avec huit espèces de racines variées, peuvent donner, d'après des calculs moyens établis par M. Heuzé et conformes à notre pratique, l'équivalent en foin de. . . . . . 337,500 kil.

12 hect. 50 en récoltes dérobées de l'assolement biennal, donnent l'équivalent en foin du quart de ce que donnerait des racines, soit 42,187

Ainsi tout l'équivalent en foin est pour 37 hect. de terres arables. . 379,687

M. Bodin, dans ses *Éléments d'agriculture*, dit qu'une vache moyenne absorbe en nourriture l'équivalent de 5 kil. de foin par jour, plus, de la paille à discrétion ; elle consommerait donc par an 1,825 kil. Si nous divisons par ce chiffre notre équivalent en foin 379,687 kil., nous trouvons que nous pouvons nourrir deux cent deux vaches sur 25 hect. soumis à l'assolement biennal, en utilisant 12 hect. 50 en récoltes dérobées après céréales et en donnant de la paille à discrétion.

— Mais, monsieur, vous ne m'avez parlé que de

deux bêtes par hectare, et voilà que vous en portez quatre. Vos calculs ne sont pas exacts!

— Je vais te les présenter d'une autre manière. Si tu cultives quatre espèces de racines : rutabagas, carottes, betteraves, panais, le rendement moyen par hectare de ces quatre espèces sera 36,000 kil.; on estime, d'une façon empirique, que les racines ne valent, comme aliment, qu'un tiers du foin, soit par hectare 12,000 kil. de foin, ou pour 25 hectares. . . . . 300,000 kil.

Les récoltes dérobées valent bien le quart des racines, tu auras sur 12 hect. 50. 37,500

En tout. 337,500

Ce qui permet de nourrir cent quatre-vingt-cinq vaches, en donnant de la paille à discrétion. Or, je ne prétends pas que tu nourrisses cent quatre-vingt-cinq vaches, mais seulement cent vaches, ce qui réduit le rendement des racines à 18,000 kil., c'est-à-dire à tout ce qu'il y a de moindre. Tu dois donc admettre ma preuve, que tu peux nourrir deux vaches par hectare, et comme chaque vache te donne 6,400 kil. de fumier, les cent vaches te donneront 640,000 kil., qui, répartis entre les 37 hect. 50, donnent pour chaque hectare et par année 17,297 kil., c'est-à-dire 7,297 kil. de plus que la proportion normale.

Voilà ce que tu posséderas de force productive,

rien que par et pour les terres assolées. Je vais tâcher de te faire comprendre ce que tu pourras obtenir de production avec cette force, dans les conditions spéciales où tu te trouves, ne faisant pas de culture industrielle, mais seulement des racines, des fourrages et des céréales.

La paille de toutes tes céréales devant être mangée ou employée en litière, je ne dois pas en faire état comme produisant directement de l'argent.

J'estime qu'un hectare de froment devra rendre, en culture améliorée, 28 hectolitres à 20 fr. soit. . . . . 560 fr.

Les frais pour obtenir ce produit. 250

Il reste de bénéfice net. . . . 310

Ou pour 9 hectares. 2,790

8 hectares sous avoine donneront net environ. 1,600

8 hectares sous orge. 1,500

Total net en céréales. 5,890

Cent vaches bretonnes donnent un produit net par an de 100 francs chacune. 10,000

Production. 15,890

Je me résume sur cet objet un peu longuement exposé, pour toi, mais trop succinctement à raison de son importance, et je dis : un bon assolement enrichit le fermier, augmente la valeur de la ferme et par une de ces conséquences qui font que tout se tient ici-bas, apporte sur les marchés des produits plus abondants et de meilleure qualité, de manière que le plus grand nombre participe au bénéfice de la production perfectionnée.

— Mais, monsieur, à votre compte, je deviendrais riche, et pourtant les simples cultivateurs ont à peine de l'aisance.

— Oui, tu seras riche; c'est mon bien vif désir. Oui, les cultivateurs ont à peine de l'aisance, mais ils pourront devenir riches aussi, quand ils feront bien ce qu'ils font si mal, par ignorance et par incurie.

Renvoyons à quinzaine notre troisième entretien.

TROISIÈME ENTRETIEN

Usage des instruments nouveaux.

Clause : « Les preneurs seront tenus de se pour-
« voir et de faire usage immédiatement des instru-
« ments suivants : araire, herse à couvrir, extirpa-
« teur, houe à cheval, buttoir à versoir mobile,
« semoir à trois pieds pour céréales et autres graines,

« rouleau, tarare, et dans le délai de trois ans, « faucheuse, moissonneuse, faneuse à cheval, bat-

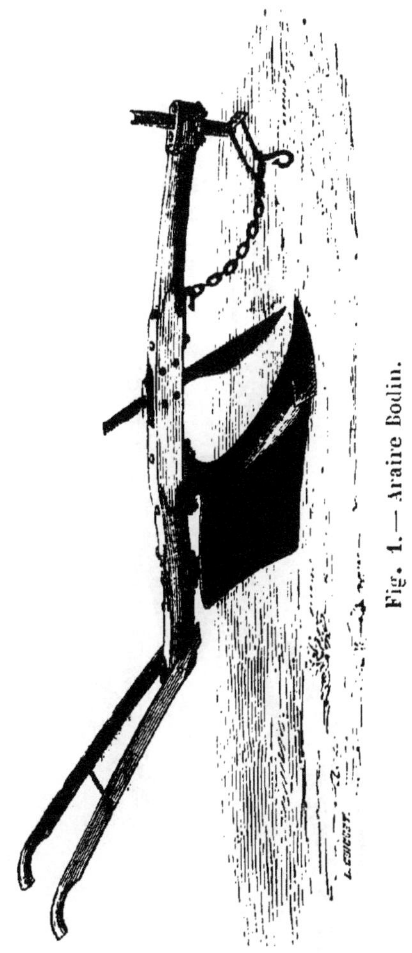

Fig. 1. — Araire Bodin.

« teuse à trois chevaux, coupe-racine, hache à joncs, « concasseur pour avoine et orge, petit moulin à « farine avec bluterie.

« Le propriétaire avancera pour cinq ans aux « preneurs, à 3 pour 100 l'an, la moitié du capital

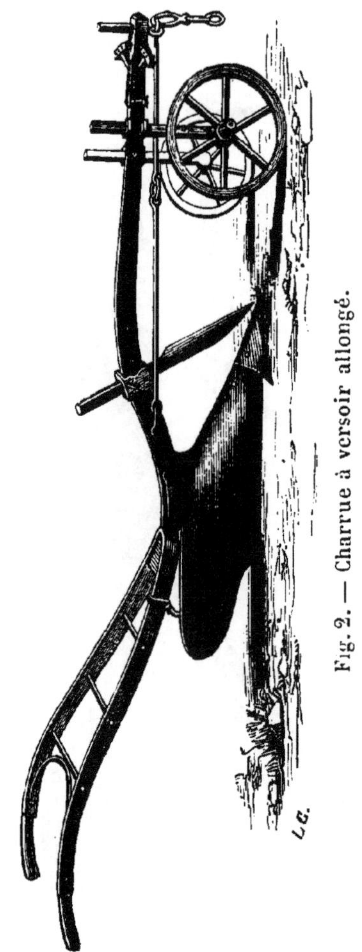

Fig. 2. — Charrue à versoir allongé.

« au fur et à mesure qu'il sera dépensé pour l'a- « chat de cette dernière catégorie d'instruments. »

— Ah ! monsieur, comment voulez-vous que je

rembourse le prix de tout cela, et que voulez-vous que je fasse de tout cet attirail?

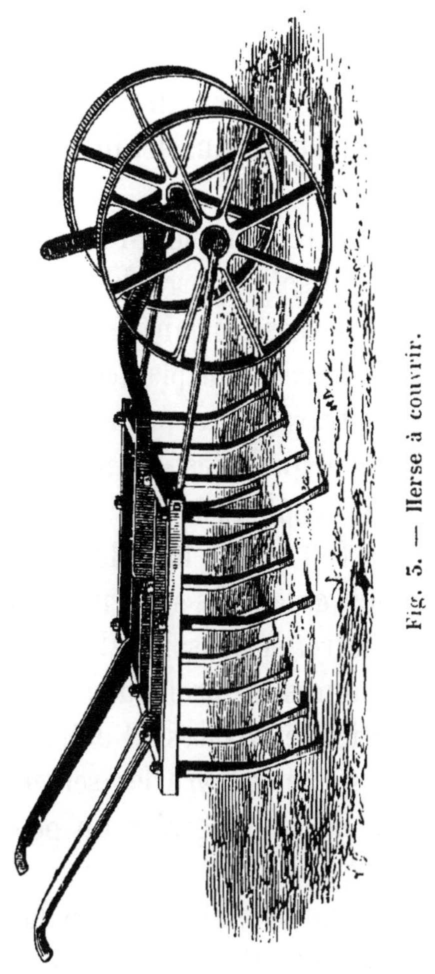

Fig. 5. — Herse à couvrir.

— D'après le catalogue de M. Bodin, de Rennes, tout cela te coûtera 3,000 francs. Il y a quelques instruments, les moins chers heureusement, ils ne coûtent que 500 francs, que tu dois acheter avec tes propres ressources, ce sont ceux de la première catégorie ; il y en a d'autres pour lesquels je te ferai l'avance de la moitié du prix, avec terme de cinq ans.

Quant à ce que tu en tireras, je vais te l'apprendre pour quelques-uns des instruments que tu n'as pas.

La *herse* à couvrir complète l'action de la charrue, pulvérise le sol, enterre la semence, détruit les mauvaises herbes, mélange au sol les engrais pulvérulents, bine certaines plantes semées à la volée. Crois-tu que ce travail n'est pas aussi complet que celui du râteau et qu'il n'est pas moins long, moins pénible et moins coûteux ?

L'*extirpateur* fait quatre fois plus de besogne que la charrue pour les labours superficiels aux récoltes dérobées ; il pulvérise le sol et le mélange bien à 8 ou 10 centimètres de profondeur, il détruit les plantes adventices et vivaces ; il détruit les petites inégalités du sol, et couvre les semences qui ne craignent pas d'être enterrées un peu profondément.

La *houe à cheval*, conduite par un homme et un cheval, fait autant d'ouvrage dans un jour que vingt-cinq ouvriers travaillant avec la houe à main; suivant l'espacement des plantes et la vitesse du cheval, on peut biner de 100 à 150 ares de plantes en ligne, par jour. C'est-à-dire que ce qui à la houe à main coûterait 35 fr. 25, ne coûte à la houe à cheval que 4 fr. 60. — Il y a un supplément de travail obligé à la houe à main, complété quelquefois par le râteau, qui peut s'évaluer à 2 fr. 66; total du prix du binage par hectare, 7 fr. 26.

Semoir en ligne. Économie de semence et excédant de produit, facilité pour les sarclages et pour l'épandage des engrais pulvérulents ou liquides. Un homme, un enfant et un cheval peuvent ensemencer trois hectares par jour, quand le terrain est d'ailleurs bien préparé. Voilà les avantages de cet instrument.

En résumé, la herse remplace le travail de huit hommes.

L'extirpateur en remplace cent-vingt.

La houe à cheval en remplace vingt-cinq.

Le semoir perfectionné en remplace vingt-quatre.

Et l'extirpateur fait quatre fois plus de besogne que la charrue.

Batteuse. La batteuse procure au fermier la faculté de laisser le grain se parfaire dans la paille, de battre quand il veut et par quantités, suivant son besoin de paille et de grain; de faire les déchaumages immédiatement après la récolte et les ensemencements de récoltes dérobées, elle met à l'abri des caprices de la température et de la main-d'œuvre si rare et si onéreuse en saison de moisson, elle procure un rendement de 5 pour 100 supérieur au rendement par le fléau; la paille est plus propre et mieux préparée pour la nourriture du bétail et l'absorption du purin ; enfin elle exonère le laboureur des travaux les plus pénibles de la campagne.

Je ne puis pas te chiffrer tous ces avantages, mais ils donnent une telle liberté d'action et sont si favorables à la culture intensive et variée, ainsi qu'à la répartition de la main-d'œuvre, que tu ne peux réellement pas t'en passer. Le prix varie de 500 à 2,000 francs, selon que les machines battent seulement, ou bien qu'elles battent, ventilent, nettoient, criblent, etc.

Fig. 4. — Herse articulée.

Faucheuse-moissonneuse. En un jour, avec deux chevaux et un homme, cet instrument fait l'ouvrage de neuf faucheurs, comme faucheuse.

Convertie en moissonneuse, il coupera en un jour de dix heures, avec deux chevaux, deux hommes et deux aides, environ deux hectares cinquante ares.

Cet instrument coûte 7 à 800 francs; mais pour toi, à cause de la superficie de tes prairies et de tes

Fig. 5. — Extirpateur.

récoltes dérobées, il devient indispensable comme la machine à battre, et tu seras même obligé de le compléter par une *faneuse* et un *râteau à cheval* pour te rendre indépendant des mauvais temps et de la main-d'œuvre.

L'usage et l'utilité des autres instruments n'a pas besoin d'être démontré ; nous nous entendrons pour les avoir en temps opportun, quand l'usage des premiers achetés te fera désirer de recourir à l'usage des autres.

—Mais, monsieur, que de logements et que de monde il faudra pour tout cela !

— Sans doute ; les logements me regardent et ils ne te feront défaut, ni pour tes instruments, ni pour tes animaux. Quant au personnel, il devra aussi être plus nombreux, car la culture intensive qui ne laisse pas le moindre coin de terre inculte, qui n'admet aucune chômage de terre, exige un personnel proportionné aux produits obtenus, plutôt qu'à la surface cultivée.

— Je vous avoue bien franchement que je suis effrayé de la dépense et de l'embarras. J'ai peur de me ruiner et de succomber à la peine. En causant en famille du résultat que vous me promettez par votre assolement, personne ne voulait y croire; moi-même, je m'interrogeais autant que j'interrogeais les autres. Si nous nous arrêtions à traiter la question sur deux hectares cultivés l'un en racine l'autre en blé, nous trouvions l'application assez bien raisonnée ; mais quand nous venions à vingt-cinq ou cinquante hectares, la peur nous prenait ; et quand je vais parler d'un déboursé de 3,000 fr., je rencontrerai une résistance absolue. Je puis bien disposer de cette somme, elle a pourtant une autre destination.

— Oui, je sais : doter ta fille aînée ! Eh bien ! marie-la à un homme que tu garderas sous ton toit, tu auras des bras de plus et ton argent employé en instruments se décuplera bien vite au milieu d'une riche production, et au profit de tous les habitants de la ferme.

Graines et semences.

Clause : « Pour favoriser la culture des plantes « les plus productives et les mieux appropriées, le « propriétaire fera l'avance pour un an, sans inté- « rêt, et sera remboursé sur le produit de la récolte, « du prix des grains, graines et semences qu'il « aura fournies, et que le fermier sera tenu de cul- « tiver dans les conditions qui lui auront été indi- « quées par le propriétaire. »

— Je n'ai rien à dire, monsieur, contre cette clause ; j'avoue que j'ai souvent regretté de n'avoir pas de meilleures semences, faute de savoir où les prendre.

— Si tu le veux bien, Jean, cet embarras n'existera plus pour toi; entre dans le comice de ton canton, écoute ce qu'on y dit, examine ce qu'on y fait et tu trouveras, dans le dévouement des membres du comité, un secours dont tu ne te doutes pas. On te fera venir les graines des meilleures maisons qui les vendent, et qui, depuis longtemps, sont en

Fig. 6. — Houe à cheval.

possession de la confiance des cultivateurs. Ce sera pour toi le moyen sûr d'avoir des produits plus beaux et plus abondants.

Culture des prés.

— La moitié de tes prés ne vaut rien, et l'autre moitié est très-mal soignée. Tout cela doit changer comme le reste, et je veux que tu amènes tes prés à produire 4,000 kilogr. de foin à l'hectare au lieu de 1,500 kilogr. qu'ils produisent aujourd'hui.

— Je ne demande pas mieux ; mais cela me paraît fort !

Fig. 7. — Semoir.

— Pour moi, cela paraît peu, car le prix moyen de 1,000 kilogr. étant 40 francs, chaque hectare de

gèreté et de la perméabilité du sol un peu sablonneux de la plus grande partie de nos prés.

Qui a de l'eau a du foin, qui a du foin a du pain, dit le proverbe ; cependant, l'eau froide qui découle de la montagne voisine et qui contient des principes acides et astringents, venant des terres incultes et

Fig. 8. — Tarare.

tourbeuses qu'elle traverse, serait nuisible si nous ne corrigions pas ces défauts.

Nous retiendrons les eaux exposées au soleil et à l'air dans l'ancien étang, dont une partie peut avoir cette destination. Puis à l'entrée du pré, où le fond est argileux, nous ferons une fosse carrée de 1 mètre de profondeur et de 4 mètres de superficie; avant l'irrigation, tu y mêleras du fumier, du purin, des matières fécales ou des animaux morts. Le maërl qui aura été imprégné de l'urine des animaux y fera un excellent effet, ainsi que les cendres et la chaux.

Fig. 9. — Faneuse.

Sur la partie argileuse des prés, donne l'eau en petite quantité, mais prolonge la durée de l'irrigation, et évite d'y mettre le bétail pendant l'hiver et quand le sol est détrempé par l'irrigation.

S'il est vrai 1° que l'eau nourrit les plantes, 2° qu'elle stimule la végétation, 3° qu'elle est dissolvante, 4° qu'elle protége et conserve les plantes par l'égalité de température, 5° enfin, qu'elle est un puissant moyen de délivrer les prés d'insectes et d'animaux nuisibles, pourquoi négliger cette ressource que Dieu met gratuitement à notre disposition pour l'amélioration de nos prés ? Pourquoi, en y ajoutant quelque peu par notre industrie, ne pas nous montrer à la hauteur de notre destinée, qui est d'aider la nature avec intelligence ?

— Je crois, monsieur, que cela ne coûte pas aussi peu que vous le dites ; d'ailleurs, vous me priverez du pâturage, puisque mes bêtes ne pourront plus séjourner dans les prés.

— Je t'ai dit que je ferai l'établissement à mes frais des rigoles d'irrigation, et tu trouveras dans les coupes d'herbe verte, au printemps, avant la fauche, et à l'automne, après la fauche, de bien abondantes compensations, si tu additionnes tes eaux de matières fertilisantes. Tu sais les magnifiques produits de l'un de tes voisins, qui a autorisé l'établissement gratuit d'un lavoir en amont de son pré, parce qu'il comptait, sur la plus-value devant résulter des eaux de savon.

— C'est vrai, et je payerais son pré bien cher ! Croyez-vous que le mien puisse arriver à ce degré de fertilité ?

— Je le crois, si tu as deux bêtes par hectare, et si tu mets du maerl dans tes fumiers.

— Je commence à voir que tout cela se tient plus que je ne croyais, et que mon bétail peut bien faire ma fortune.

QUATRIÈME ENTRETIEN

Défrichements.

— J'ai bien du courage, allez, monsieur. Je rencontre chez les miens une résistance que vous ne comprenez pas, vous, et que je ne suis pas sûr de vaincre ! Ils ont tous peur !... peur de se ruiner !

— Ajoute : et d'avoir trop de besogne.

— Je n'osais le dire, car nous sommes tous vaillants ! Je le crois pourtant. Attendez ; ce n'est pas la dureté de la besogne qui les effraye, c'est l'embarras, l'obligation d'y songer, d'avoir beaucoup de choses dans la tête, la crainte ou la vergogne de n'être pas capable... Comment manier tous les instruments dont vous me parlez et bien cultiver les graines que vous achèterez, etc. Vous comprenez ; n'est-ce pas ?

— Oui, je comprends, mais je t'ai prouvé que tu t'enrichirais ; tu as des voisins et des concours de comices, où tu peux étudier le maniement des instruments, et comme je crois à ta bonne volonté et à ton intelligence, tu viendras à bout de tout, même des défrichements dont nous allons causer aujourd'hui.

— Très-volontiers, monsieur, mais cela vous coûtera cher, car vous n'entendez pas, sans doute, m'imposer les frais des travaux à faire pour arriver à un prompt résultat.

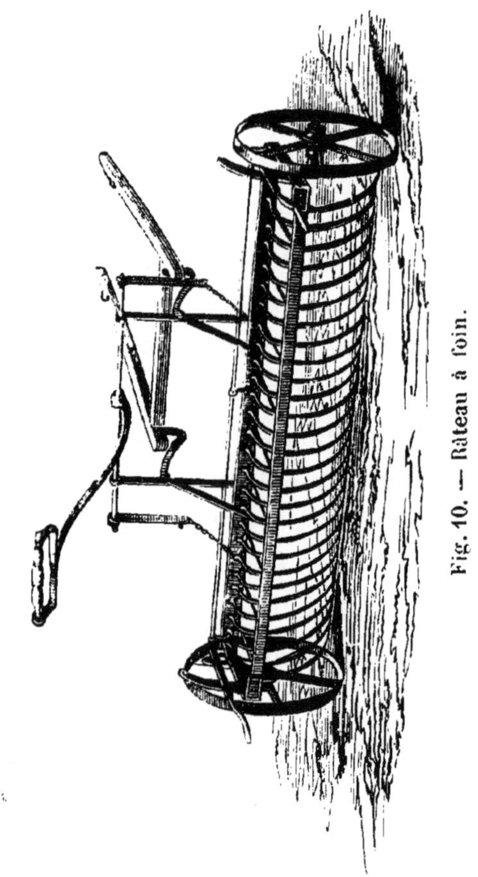

Fig. 10. — Râteau à foin.

— Je ne te demande qu'un défrichement de 50 ares par an ; voici la clause que je propose :

« Chaque année, il sera mis 50 ares de garenne « ou lande sous culture de la manière suivante :

« Première année : seigle, orge ou blé noir, avec « 4 à 5 hectolitres de noir de Russie fournis par le « propriétaire et payés par lui sans répétition.

« Deuxième année : jachère avec fumure verte.

Fig. 11. — Coupe-racines.

« Troisième année : céréales avec trèfle et ray-« grass d'Italie, et 4 à 5 hectolitres de noir de Rus-« sie fournis par le fermier.

« Quatrième année : trèfle et ray-grass.

« Cinquième année : racines avec la fumure or-« dinaire, puis entrée des 50 ares dans l'assolement « biennal. »

Faisant le compte de ce que coûterait un hectare défriché par ce procédé : à la charrue ordinaire, avec quatre chevaux, et par journée moyenne de sept à dix heures, tu défricheras 30 ares ; d'après des comptes que j'ai faits, cela coûtera pour un hectare. . . . . 48 fr. »

Un hersage vigoureux en long, de juin en août, à deux hommes et deux chevaux, par hectare..	12	75
Un hersage en travers en sept heures	12	75
Fin septembre, semaille des engrais et grains, un hersage en long pour enterrer l'engrais, un autre pour enterrer la semence, un troisième avec herse très-légère.	38	25
Noir animal fourni par moi, 4 hectolitres 1/2 à 10 fr. 45, mis avec semence de seigle, à ta charge, environ. . .	40	»
Total.	151 fr.	75

Tu récolteras par hectare 30 hectolitres de grains de seigle à 15 fr.. . . . . 450 fr. »

3,500 kilogr. de paille à 15 fr. . .	52	50
Produit d'un hectare..	502 fr.	50
La dépense étant de.	151	75
Le bénéfice sera de.	350 fr.	75

Crains-tu que je te propose là une opération ruineuse ? Tu ne mets aucun argent dehors que le prix de la semence ; ton attelage et ton personnel ne se livreront à ce travail que quand ils auront quelques moments de liberté.

S'il ne te convenait pas d'accepter l'assolement de défrichement que je te propose, voici quelques renseignements dont tu peux faire ton profit pour atteindre le but.

Les engrais pulvérulents et particulièrement les engrais phosphatés, suffisent aux défrichements et ils ne sont pas chers.

Les plantes qui conviennent le mieux aux landes défrichées sont :

Parmi les céréales : le seigle, l'orge, ajoute le sarrasin.

Parmi les crucifères : le colza, les navets, la moutarde, les choux.

Parmi les racines fourragères : le topinambour, les navets, les rutabagas, les pommes de terre.

Parmi les fourrages fauchables : le ray-grass, en général les graminées fourragères, la vesce, le maïs, l'avoine d'hiver et de printemps, le seigle et le sarrasin.

— Mafoi, monsieur, le défrichement comme vous le proposez, est très-simple, je ne risque que 40 fr. et un peu de travail contre un bénéfice net de 175 fr. par 50 ares ; mes meilleurs prés ne me donnent pas cela.

Je défricherai.

— Très-bien, Jean. J'espère que tu seras aussi résolu en toutes choses que je te proposerai, et même que tu n'attendras pas mon incitation pour le bon entretien des clôtures et barrières, pour l'é-

Fig. 12. — Hache-ajoncs.

tablissement d'un verger, l'aménagement d'un taillis, etc., toutes choses qui feront l'objet de clauses spéciales dans notre bail et qui n'ont déjà plus besoin d'être motivées, car ton intelligence s'est ouverte aux améliorations

Entretien des bêtes à cornes.

— Parlons encore de ces animaux, qui donnent tout à l'homme, et qui, dans ce pays, sont la source

Fig. 13. — Concasseur.

presque sans éventualité de la fortune du laboureur.

Je t'ai parlé du bétail, comme moyen de produire en abondance l'engrais, le meilleur connu.

Je t'ai dit que tu pouvais, que tu devais avoir l'équivalent de deux têtes de gros bétail par hectare ;

mais si je t'ai prouvé que la nourriture que tu obtiendras par un bon assolement est suffisamment abondante, je ne t'ai pas parlé de la meilleure manière de la consommer.

Voici la clause proposée à cet égard :

« Les preneurs seront tenus d'entretenir sur la « ferme l'équivalent de deux têtes de gros bétail « par hectare de terre cultivée ; de nourrir les vaches « à l'étable le plus possible, et de les tenir au piquet « dans les prés, quand ils les y mettent.

« Le propriétaire fera l'avance du prix des chaînes « de fer qui auront 7 mètres de long pour le pâtu- « rage au piquet ; ce prix lui sera remboursé sans « intérêt en fin de ferme par les preneurs, aux- « quels alors les chaînes appartiendront.

« Les preneurs nourriront le bétail pendant l'hi- « ver avec des mélanges fermentés de racines, « paille, foins et ajonc hachés ; à cet effet, ils se- « ront tenus d'avoir des cuves à mélange. »

Stabulation.

La stabulation *permanente* a été prônée comme le meilleur moyen de faire consommer la nourriture au bétail pour obtenir plus de lait, plus de graisse, plus de fumier ; mais on ne faisait pas attention que la stabulation *permanente* ne pouvait avoir lieu que dans des conditions presque exceptionnelles comme fertilité du sol, production fourragère abondante et très-variée, régime vert et régime sec dans toutes les saisons.

Ta ferme se trouvera tout prochainement dans les meilleures conditions pour la stabulation permanente, et pourtant je ne te l'impose pas d'une manière absolue, par les motifs suivants : il faut plus de bras et d'animaux pour le transport des fourrages à la ferme et la préparation de la nourriture ; la santé des vaches ne paraît pas aussi robuste quand elles ne prennent pas d'exercice ; leur lait est de qualité inférieure. Retiens tes bêtes à l'étable le plus possible, mais ne perds pas les avantages du pâturage au piquet.

— Nous avons tellement l'habitude de mettre les vaches dehors, que je ne pourrais pas obtenir qu'on les retînt constamment à l'étable. Je vous remercie donc de me laisser quelque liberté à cet égard ; mais si vous enchaînez les pauvres bêtes dans les prés, sur les pâtures, elles n'ont guère plus de liberté que dans l'étable, et je ne vois pas à quoi cela peut profiter. D'un autre côté, il doit être difficile d'attacher ainsi un grand troupeau.

— L'utilité du pâturage au piquet est celle-ci : les vaches prennent des habitudes de douceur et de docilité qui t'étonneront ; elles prennent l'air dans des conditions de liberté suffisante, les chaînes ayant 7 mètres de longueur ; elles mangent toutes les herbes qu'elles ont sous la dent, en sorte que les moins recherchées par elles, quand elles ont la

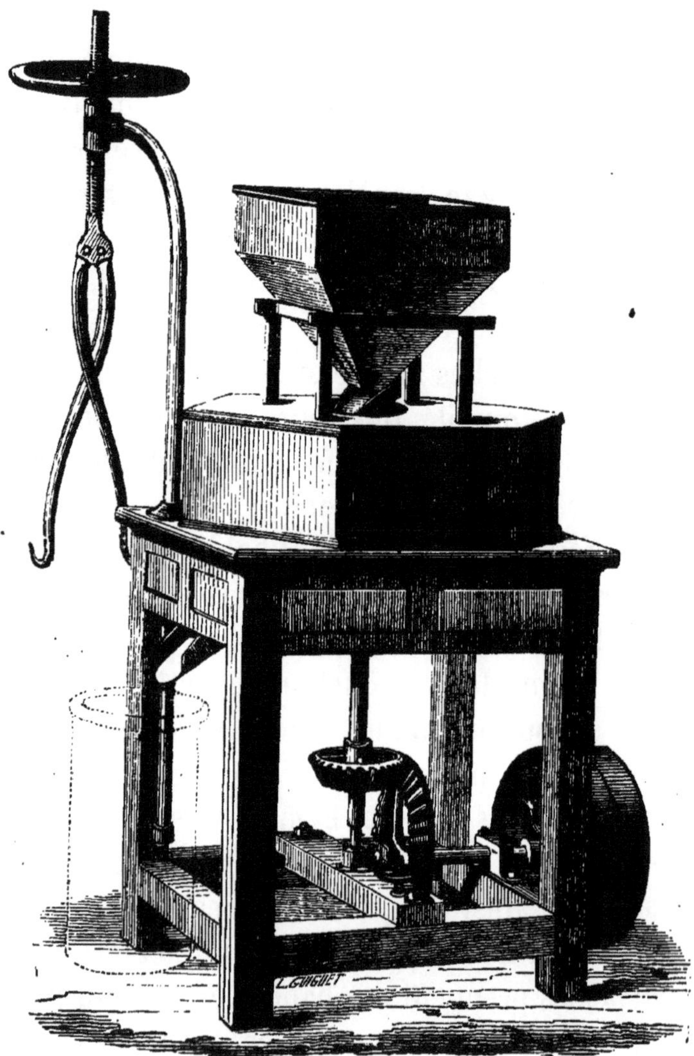

Fig. 14. — Moulin à farine.

liberté du choix, étant ici absorbées, ne peuvent

pas se reproduire plus que les autres, ce qui fait que le pâturage ne se détériore pas par l'envahissement des mauvaises plantes ; il n'y a pas de gas-

Fig. 15. — Pomme de terre.

pillage sur les pâturages ; chaque jour, et même plusieurs fois par jour, si cela est nécessaire, on déplace le piquet de quelques mètres, dans un ordre méthodique, de manière à avoir toutes ses bêtes sur une ou plusieurs lignes ; la garde en est facile, et on n'a pas à redouter les accidents, les luttes, les coups de cornes, les poursuites des bêtes entre elles.

Je conviens qu'il y a quelque embarras à conduire les bêtes sur le pré pour les attacher ; mais un vacher, uniquement occupé de son étable, peut facilement faire cela pour la quantité qu'il est appelé à soigner ; et quand les bêtes sont au piquet, il peut encore vaquer à préparer leur nourriture.

— Je ne crois pas cela praticable, et je demande à en être exonéré.

— Essaye un an, et si tu persistes dans ta résistance, je te déchargerai de cette obligation ; mais je suis certain qu'une fois l'habitude prise, tu n'y renonceras plus.

— J'essayerai donc.

Nourriture d'hiver.

— Il n'y a pas encore longtemps que les bêtes étaient nourries l'hiver uniquement avec de la paille à l'étable et au pâturage dans les landes ; aussi il y avait peu de bétail, par conséquent peu de fumier et peu de grains. Tout change, mon cher Jean ; on construit de grandes étables, de grands greniers, même sur des fermes moyennes ; il faut donc faire le meilleur emploi possible des éléments de nourriture dont on dispose. Ces éléments sont ici la paille, le foin, l'ajonc, les racines et les récoltes d'herbes fourragères. Lorsqu'une vache ne mange que des aliments aqueux, elle a la diarrhée; quand elle ne mange que des aliments secs, elle est constipée. De là à conclure que le mélange de ces deux éléments doit être une bonne chose, il n'y a pas loin. La pratique confirme cette conclusion. Mais quand le mélange n'est pas intime, le bétail trie ce qui lui appète le mieux, et laisse ordinairement le sec. C'est pourquoi on hache tous les fourrages secs et verts, on les mêle de manière à faire comme des ragoûts; c'est-à-dire que l'on applique aux bêtes les modes de composition de nourriture indiqués par la raison. L'expérience a démontré que ces mélanges étaient d'autant plus intimes qu'on les avait soumis à la fermentation, et que cette fermentation leur donne une plus-value incontestable.

Le soir, en hiver, après le repas, tout ton personnel peut préparer la nourriture pour le lendemain. Le coupe-ajonc va vite pour l'ajonc, pour la paille, pour le foin et les fourrages verts; le coupe-racines n'est pas plus paresseux; en sorte qu'en peu de temps on a rempli les cuves en alternant un lit de paille, foin et ajonc avec un lit de racines variées, ces dernières en proportion égale entre elles autant que possible. La moutarde, le colza, et la navette passent aussi au coupe-ajonc, les grosses tiges elles-mêmes font partie des mélanges et les choux aussi. Après vingt-quatre heures de fermentation, ce mélange est donné aux vaches, qui en sont très-avides, et sont par là maintenues dans un état d'embonpoint constant. Aucune partie de la nourriture n'est perdue, les fourrages médiocres peuvent mieux être utilisés et améliorés par le mélange. Il en est de cela comme des essences employées pour fabriquer l'eau de Cologne; chacune à part à moins de valeur, et réunies elles donnent ce parfum que tout le monde connaît pour son agrément et son utilité.

Tu comprends désormais pourquoi je désire que tu traites d'une certaine manière la nourriture d'hiver, et pourquoi je t'impose des cuves qui ne sont que des futailles coupées en deux et à moitié enfoncées en terre; un coupe-ajonc et un coupe-racine.

— Que de dépenses, monsieur; que de travail!

— Sans doute. C'est que l'industrie doit faire sa place aux champs autant et plus qu'à la ville; il ne suffit plus d'y travailler vaille que vaille, il convient d'y agencer et d'y combiner les forces individuelles, et d'utiliser le concours des agents auxiliaires que l'on peut réunir autour de soi. Voilà pourquoi tu devras donner à tes enfants une instruction spéciale à leur profession; et pourquoi tes enfants, à force de voir autour d'eux les améliorations qui se font, seront plus hardis que toi, et feront plus de profit.

— J'avoue que je suis effrayé. N'ayant jamais vu pratiquer tout ce que vous exigez de moi, je suis fondé à dire que cela est au-dessus de mes forces.

— Il y a du vrai dans tes paroles, surtout à cause

Fig. 16. — Orge. Fig. 17. — Seigle.

de la nature de ton caractère; mais nous pouvons surmonter ton hésitation.

Voici comment. Nous ferons venir de la ferme-école de Trévarez un élève qui, en qualité de premier valet de ferme, mettra tout en train dans les bonnes conditions ; je donnerai 100 fr. de prime, pendant deux ans, pour le déterminer, et tu lui payeras les gages ordinaires ; si après cet essai de deux ans, tu n'as pas amélioré ta situation de manière à pouvoir le payer seul, en ajoutant 100 fr. par an de ta bourse, c'est que nous nous serons certainement trompés sur le choix du sujet, et tout seul j'aurai payé cette erreur. Mais cela n'arrivera pas, si nous prenons les conseils de l'intelligent et dévoué directeur de cette ferme-école, M. de Kerjégu, qui consacre sa fortune, son intelligence et son temps à l'œuvre de la régénération agricole dans ce pays.

— J'accepte la proposition avec empressement ; elle me retire un grand poids de responsabilité. Dans deux ans je serai transformé moi-même, sans avoir trop couru les risques des tâtonnements. Permettez que nous finissions ici cet entretien ; je vais le répéter à ma femme et à mes enfants, qui seront, j'en suis certain, rassurés comme moi par la présence d'un homme instruit, et praticien, soutenu par votre initiative.

CINQUIÈME ENTRETIEN

Confection des fumiers.

— Je suis bien attristé par l'aspect des fumiers, quand je passe auprès d'une ferme ; les jus s'en écoulent dans les chemins, sur les vagues, en pure perte, et même au détriment de la santé des habitants et des animaux, et au préjudice de la facilité des accès et parcours. C'est l'état barbare, sauvage, et pour te faire comprendre l'importance du bon traitement des fumiers, je vais t'expliquer à quoi sert l'engrais, et ce qu'il coûte à produire.

L'engrais est la nourriture de la plante, et l'on récolte à proportion de la nourriture fournie dans de justes limites. Le talent est d'approprier économiquement l'engrais.

Le premier problème à résoudre est celui-ci : fournir à la plante l'engrais approprié, aux époques et en quantités assignées par les besoins de la végétation et les exigences du sol et du climat.

Le second problème à résoudre : que coûte cet engrais approprié ?

1° Le fumier de ferme est l'engrais le plus complet, c'est la matière fertilisante par excellence, parce qu'elle sert de nourriture générale. Cependant, dit M. de Gasparin, une plante a beau trouver la quantité d'engrais ammoniacal qui lui est nécessaire, elle n'aura qu'une végétation maladive dans

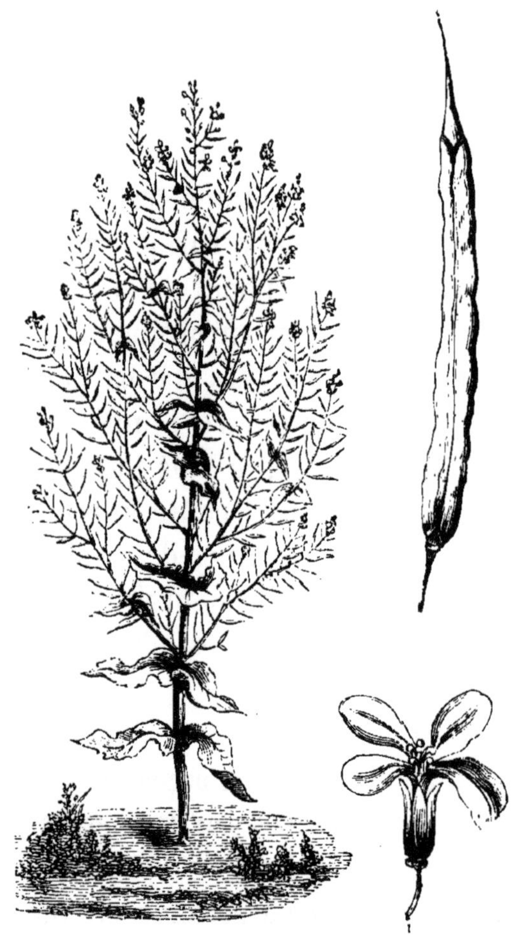

Fig. 18. — Colza.

un sol en apparence fertile, si elle ne trouve en même temps les doses de phosphate, d'alcalis, de chaux, de soufre, de fer, de silice soluble, proportionnelles à cette quantité d'engrais ammoniacal.

Fig. 19. — Topinambour.

— Je crois cela, et j'ai des champs qui ne me rendaient pas à proportion de l'engrais que je leur donnais, mais depuis que j'ai appliqué quelque peu le maërl et le goëmon mon fumier produit un meilleur effet.

— Très-bien, Jean, ce qui manque plus particulièrement à ta terre ce sont les sables calcaires ou la chaux ; la chaux est à peu près introuvable ici à cause de son prix élevé, et le maërl suffit pour neutraliser l'acidité de nos terres ; il en faut 14,000 kil. par hectare sur les terres non humides, et 28,000 kil. sur les terres humides. Cela suffit pour dix ans, et l'effet s'en fait sentir immédiatement, si ces sables ont été mêlés aux litières dans les écuries et les étables. En ajoutant à cela les goëmons et les cendres, tous tes engrais deviendront efficaces dans toutes terres et pour tous produits.

Si tu as ainsi un engrais approprié à la généralité des cas, tu n'oublieras pas de consulter les exigences du climat et du sol.

Notre climat, très-tempéré et humide, est favorable aux réactions qui s'opèrent dans la masse des fumiers, et à la prompte assimilation de ceux-ci par les plantes, ou à la déperdition de leurs principes dans l'atmosphère. Les fumiers ne doivent donc pas rester trop longtemps en tas, et doivent être apportés fréquemment à la terre, ce qui est en rapport avec notre assolement biennal.

Au sol léger, tu conduiras l'engrais froid et durable et l'engrais liquide pour renouveler et multiplier les produits. Au sol compacte, tu conduiras les engrais actifs et les amendements.

Quant aux époques d'application, tu suivras les habitudes locales et les règles imposées par l'assolement. J'ajouterai seulement que, quand une céréale a souffert l'hiver, une légère fumure en couverture au printemps répare bien du mal.

2° Le second problème à résoudre est celui-ci : Que coûte cet engrais ?

— Dans notre deuxième entretien, à l'article Assolement, je t'ai expliqué comment on arrivait à obtenir l'engrais du cheval à peu de frais, en faisant travailler celui-ci tous les jours ouvrables le plus possible; à la fin de ce même entretien, en te parlant du résultat que tu devais obtenir de la force productive, je n'ai fait entrer en ligne de compte ni la valeur de la paille, ni la valeur des déjections des vaches, bien que cette double valeur puisse être portée à 98 fr. 30 par vache et par année. Tu peux donc dire que ton fumier ne te coûte rien, dans le système où nous nous mettons. Mais il ne faut pas oublier que tu dois toujours traiter tes engrais avec tout le soin possible, de manière à ne rien perdre et même à lui donner une plus-value par le bon emploi relatif aux besoins de la terre et de la plante.

Sans m'étendre plus longuement sur cet objet, l'un des plus difficiles et des plus dignes de la sollicitude éclairée du cultivateur, je propose d'inscrire au bail la clause suivante, qui complète assez bien ce que j'ai voulu le dire au sujet du fumier.

Clause :

« Tous les jours, il sera porté dans l'étable et « étendu sous chaque bête, le matin, un brouettée « de tourbe pulvérisée ou de terre sèche qui sera « recouverte de litière fraîche. Tout le purin qui « s'écoulerait de dessous les vaches, devra être re- « cueilli chaque jour dans de la tourbe pulvérisée « et de la terre sèche ou du sable calcaire, de ma- « nière que l'étable soit propre et inodore.

« On étendra de même, sous la litière de chaque « cheval, une brouettée de sable calcaire.

« Les étables seront vidées tous les mois, et les « écuries tous les jours, et chaque espèce de fumier « mise à part ou mélangée, suivant le besoin.

« Tous les fumiers en plein air seront recouverts « d'une couche de tourbe ou de terre de 10 centi- « mètres, pour empêcher la déperdition des gaz ; ils « seront disposés sur des plates-formes entourées « de rigoles conduisant le jus dans un ou plusieurs « tonneaux enfoncés en terre ; ces jus seront utilisés « soit à l'arrosement du fumier en été, soit à l'ar- « rosement des prés et trèfles en hiver.

« Aux fumiers, lors de leur entassement, seront « mélangées toutes les matières vertes qui seront « sans emploi meilleur, et notamment les ajoncs et « bruyères.

« A la fin du bail, les preneurs laisseront, sans « indemnité, tous les fumiers bien confectionnés

« comme ils laissent les foins, pailles, etc., de la

Fig. 22. — Rutabaga.

Fig. 20. — Igname.

Fig. 21. — Chou-rave.

« dernière récolte, parce qu'ils reçoivent le tout en « entrant. »

est la plus terrible de toutes les batailles de la vie, parce que les mauvaises passions y sont trop souvent en jeu ; tu ignores cela ; ton bonheur est ton ouvrage, et personne ne lutte contre toi pour te l'arracher. Quand, avec les facilités complètes des communications, arriveront les facilités des échanges et des relations, la vie de cultivateur sera la meilleure vie dans ce bas monde.

Fossés, drains et drainages.

Clause : « Tous les fossés seront curés chaque « année au printemps, et la décharge des drains « rendue libre ; l'eau ne devra séjourner nulle part ; « si quelque drain se bouchait, il serait relevé et « l'écoulement rétabli par le fermier.

« Si le propriétaire trouve utile de drainer quel« ques pièces de terre, sous pré ou autrement, le « fermier lui laissera le sol disponible sans indem« nité, pendant le temps nécessaire à l'opération et « payera 5 pour 100 d'intérêt du capital dépensé, « et ce, à partir de la seconde année de la dé« pense. »

Ai-je besoin, mon cher Jean, d'entrer dans quelques explications sur la clause qui précède. Tu as déjà apprécié les avantages du drainage appliqué à l'un de tes prés, mais j'ai l'intention de l'appliquer aussi à quelques-uns de tes champs à sous-sol imperméable. Les avantages du drainage, d'après M. Ma-

Fig. 24. — Ajonc.

laguti, se résument comme suit : le drainage élève la température du sol, augmente sa porosité, et rend la terre bien moins dispendieuse à travailler. Grâce à lui, les principes nutritifs du sol sont augmentés et mieux appropriés aux racines des plantes. Les matières nuisibles sont transformées par l'action décomposante de l'air et de l'eau. Enfin les récoltes deviennent plus abondantes et plus assurées.

Voilà des motifs bien encourageants de faire du drainage. La dépense est peut-être lourde pour le propriétaire; l'intérêt du fermier est plus particulièrement en jeu, quand il doit avoir, comme toi, sa part de plus-value en fin de ferme. Aussi je ne prends pas l'obligation de faire l'opération; je me réserve de la faire faire. Si tu réalises le bénéfice que je suppose, tu consentiras, je l'espère, à payer l'intérêt de la dépense, comme cela me paraît de toute justice.

— Je reconnais que c'est chose à voir, mais si mes champs doivent se transformer comme mon pré, j'aurai certainement moins d'hésitation que si j'ignorais les bons effets de ce travail.

Clause de sortie pour la plus-value de la ferme.

« Si les parties s'entendent pour une continuation « du bail, il sera fait, au commencement de l'avant- « dernière année de jouissance, une estimation de « la valeur locative de la ferme. La moitié de la

« plus-value de fermage, que la ferme aura acquise « entrera chaque année, pendant la durée du nou- « veau bail, en déduction pour autant, du nouveau « prix fixé par les experts, en sorte que le proprié- « taire ne profitera que de l'autre moitié de cette « plus-value.

« Et si les parties ne s'entendent pas pour la con- « tinuation du bail, la moitié de la plus-value, pen- « dant une nouvelle période de douze ans, sera « comptée, en fin de chaque année de jouissance, au « fermier sorti, par le propriétaire, qui aura le droit « de se libérer à volonté de la part annuelle du fer- « mier sorti en la capitalisant.

« Cette plus-value résultera, dans ce cas, du nou- « veau prix obtenu du nouveau fermier, à l'amiable « ou par adjudication, à la volonté du propriétaire.

« Elle devra être égale au prix offert par le fer- « mier sortant, lors même que le prix accordé par « le nouveau fermier serait inférieur. »

Voilà la fameuse clause qui m'a permis de te dire que toutes tes appréhensions cesseraient ; que tu ne travaillerais pas pour un remplaçant, mais bien pour toi dans le présent et dans l'avenir, et pour moi dans l'avenir seulement ; je l'ai indiquée de la manière qui m'a paru la plus équitable, et je vais, à ce sujet, entrer dans quelques explications.

Remarque bien, tout d'abord, que les clauses spéciales sur lesquelles nous avons essayé de nous entendre, tournent à ton profit exclusif, pendant le cours de ta jouissance, et que je n'en profite qu'à ta sortie, et comme par voie de conséquence, après quelques sacrifices de mon côté. Certains propriétaires trouveraient ta part suffisamment belle, réduite à cela ; mais je ne suis pas de ce nombre. Je crois que, si tu fais à ma terre du bien se prolongeant au delà de la durée du bail, par ton intelligence et ton initiative, la pratique des bonnes méthodes, l'accumulation de la force productive, je crois que je te dois quelque chose en échange. Ce quelque chose, c'est la sécurité pour toi et ta famille de vous perpétuer, pour ainsi dire, si vous le voulez, sur ma terre, que tu connais et qui te connaît, ou bien c'est la juste rémunération de la plus-value du fermage, advenue en partie par ton propre mérite, et je ne garde guère pour moi que la plus-value due au temps et aux circonstances, pour le revenu ; mais, pour le capital, j'obtiens par toi un résultat qui me dédommage bien.

— A la bonne heure ! vous êtes un brave homme, vous, monsieur ! J'ai senti cela de plus en plus dans vos exigences ; je crois fermement que pour les réalisations journalières, elles sont toutes à mon profit ; et j'aurais été sur mes gardes, en fin de compte, si vous ne m'aviez fait comprendre où était votre grand profit, auquel je ne prenais pas attention, la plus-value dans le capital, plus-value à laquelle je reconnais que je ne puis prétendre, et dont je suis pourtant l'auteur en partie.

— Supposons que, par la rigoureuse observation de nos conditions nouvelles, ma ferme acquière une plus-value de fermage de 1000, mon bénéfice sera de 500 par an, comme le tien, pendant une période de douze ans, ce qui fera à chacun de nous une somme de 6,000 francs; mais la plus-value en capital pour moi est bien plus importante que la plus-value en revenu. En effet, 500 francs d'augmentation annuelle représentent 15,000 francs en capital, sans tenir compte de ce que valent aussi, en capital, les 500 francs que tu gardes, et qui me reviendront douze ans après.

Si j'avais laissé aller les choses comme elles ont été jusqu'à présent; si mon fermier, suivant les motifs fournis par toi, était resté dans l'inertie et l'indifférence, crois-tu que ma position eût été aussi bonne dans douze ans? Quand tu auras fait fortune, tout le monde enviera ma ferme pour la location ou l'achat, mais nous seuls continuerons à demander à cette excellente source tous les bénéfices qu'il est possible d'en attendre. Et comme notre convention repose sur un intérêt commun bien entendu, la terre nous répondra par des produits d'autant plus abondants.

Voilà, mon cher Jean, *les nouvelles conditions* que je veux t'imposer. Il me semble que tu les as bien pesées une à une, que tu en reconnais la justesse en même temps que l'utilité pour toi, et que nous n'avons plus qu'à les faire entrer dans le cadre d'un bail que je te propose de passer devant le notaire de ta localité.

— J'accepte la proposition, mais auparavant je veux consulter ma femme et mes enfants, et, pour qu'il n'y ait pas de débat possible, même sur les plus petites choses, soyez assez bon, monsieur, pour me donner un projet de bail contenant toutes les clauses de manière qu'il n'y ait plus qu'à le faire transcrire par le notaire.

— Tu recevras ce projet de bail dès demain, mon cher Jean, et dans huit jours nous le signerons chez le notaire, ou bien nous nous séparerons.

— Nous séparer! mais pourquoi? J'ai foi dans votre intervention, ayez foi dans mon bon vouloir, et nous serons tous deux satisfaits. A huitaine, monsieur!

— A huitaine, Jean.

Formule générale de bail à ferme.

Devant M^{e} . . . .
a comparu. . . . .
M. . . . . . , lequel a, par les présentes, loué pour douze années qui commenceront le . . .
à M. . . . . . et Mme . . . . . preneurs solidaires.

Désignation.

La ferme dont la désignation suit, au lieu dit. . . . . . en la commune de. . . . .

Un corps de ferme composé de la manière suivante. . . . .

Conditions.

Le bail est fait aux conditions suivantes :

Les preneurs seront tenus de se conformer :

1° Aux obligations que leur imposent les articles 1752, 1766 et 1767, C. N., en ce qui concerne l'habitation, l'apport des meubles, bestiaux et ustensiles aratoires, l'engrangement et le mode général d'exploitation ;

2° Aux obligations que leur imposent les articles 1730 à 1732 et 1754, relativement à l'entretien des bâtiments et en se conformant à l'état des lieux qui sera dressé à leur entrée ;

Ils feront à leurs frais les couvertures en chaume et répareront à étanche d'eau les couvertures en ardoises ;

3° Aux obligations que leur impose l'article 1724, mais sans indemnité à raison de la durée des travaux, quelque préjudice qu'elle leur cause. Ils devront de plus faire le charroi de tous les matériaux nécessaires pour les réparations, les reconstructions et les constructions nouvelles :

4° A l'obligation imposée par l'article 1729, de ne pas changer la destination des lieux.

Entretien des chemins.

Chaque année, au printemps, les preneurs feront une revue de tous les chemins particuliers de la ferme, les dresseront et empierreront de manière à les rendre sûrs et praticables pour toutes espèces de voitures et chars, en tous temps et toutes saisons.

Plantation des arbres fruitiers.

Le propriétaire fournira, à ses frais, aux preneurs, les plants d'arbres à bois et à fruits, de l'essence et de la qualité qui lui paraîtront les plus convenables.

Les fermiers feront le transport de ces plants à la ferme, feront les fosses et la plantation sous la direction du propriétaire, et entoureront au besoin les plants avec de la lande, des épines ou de la paille cordée, pour les garantir contre l'atteinte des animaux ou des instruments de culture.

Les plants à fruits qui ne seront pas greffés lors de la plantation, le seront dans les trois années qui suivront et aux frais du propriétaire.

Le propriétaire se réserve de recourir, si cela lui convient, pour le tout ou pour partie, à la pépinière dont il sera question plus loin, toujours à charge de greffer avant ou après la plantation qui incombe aux fermiers dans les conditions qui viennent d'être faites.

Si les terrains où sont plantés les arbres fruitiers étaient laissés à repos, les fermiers seraient tenus de bêcher chaque printemps, au pied de ces arbres, dans un rayon d'un mètre.

Culture des terres sous labour.

Dans la culture des terres de la ferme, actuellement sous labour, les fermiers pratiqueront l'assolement biennal suivant :

Première année : Racines et tubercules en ligne avec choux, fumiers d'étables et d'écurie de vingt charretées de 1,000 kil. chacune à l'hectare, y compris quatre gabarrées de maërl et de trez, mélangés aux fumiers dans les étables et dans les écuries. Le prix d'achat de ces sables, pendant les quatre premières années, sera déduit du prix de fermage, à concurrence de 200 francs par an.

Les semences de racines en place recevront en outre un engrais pulvérulent; les racines repiquées et les choux recevront un manou composé avec des urines et des matières fécales, du terreau ou de la tourbe desséchés ou pulvérisés.

Deuxième année : Céréales variées d'hiver en ligne et de printemps à la volée.

Immédiatement après la coupe, les céréales seront suivies de colza, moutarde blanche, navette, vesce, trèfle incarnat, blé noir ou seigle en récoltes dérobées, pour être consommés ou enfouis.

10,000 kil. de fumier seront appliqués si c'est possible.

La succession des plantes, sur la même sole se fera de manière que le même produit ne revienne à la même place que tous les quatre ans.

Usage des instruments.

Les preneurs seront tenus de se pourvoir et de faire usage immédiatement des instruments suivants : araire, herse à couvrir, extirpateur, houe à cheval, buttoir à versoir mobile, semoir à trois pieds pour céréales et autres graines, rouleau, tarare, et dans le délai de trois ans, faucheuse, moissonneuse, faneuse à cheval, batteuse à trois chevaux, coupe-racines, hache à joncs, concasseur pour avoine et orge, petit moulin à farine avec bluterie.

Le propriétaire avancera pour cinq ans aux preneurs, à 3 pour 100 l'an, la moitié du capital au fur et à mesure qu'il sera dépensé pour l'achat de cette dernière catégorie d'instruments.

Graines et semences.

Pour favoriser la culture des plantes les plus productives et les mieux appropriées, le propriétaire fera l'avance pour un an, sans intérêt, et sera remboursé sur le produit de la récolte, du prix des grains, graines et semences qu'il aura fournies, et que le fermier sera tenu de cultiver dans les conditions qui lui auront été indiquées par le propriétaire.

Culture des prés.

Il y aura au plus sous pré une contenance égale au cinquième de la contenance des terres sous labour ; les prés seront bien nivelés, purgés de joncs et plantes nuisibles, et étaupinés avec soin.

Les preneurs devront, autant que possible, retourner et mettre en culture, chaque année, un dixième des prés susceptibles d'être labourés, à charge de rétablir une surface égale, sous pré naturel, si c'est possible, bien nivelé, ensemencé de graines appropriées au sol, choisies par le propriétaire, qui fera l'avance du prix d'achat jusqu'à la récolte.

Les eaux de bonne qualité, dont peut disposer le propriétaire, seront employées en irrigation. Il sera tenu d'établir un système de rigoles que le fermier entretiendra sous sa direction.

L'irrigation se fera plus particulièrement au printemps et après la fauche, mais le soir seulement, pendant la chaleur. Autant que possible, les eaux retenues dans un ou plusieurs réservoirs seront additionnées de purins, de matières animales et de matières alcalines.

Les prés non irrigués seront terrautés et fumés tous les deux ans, et arrosés l'hiver avec les purins disponibles.

Défrichements.

Chaque année, il sera mis 50 ares de garenne ou lande sous culture de la manière suivante :

Première année : seigle, orge ou blé noir, avec 4 à 5 hectol. de noir de Russie fournis par le propriétaire et payés par lui sans répétition.

Deuxième année : jachère avec fumure verte.

Troisième année : céréales avec trèfle et ray-grass

d'Italie, et 4 à 5 hectol. de noir de Russie fournis par le fermier.

Quatrième année : trèfle et ray-grass.

Cinquième année : racines avec la fumure ordinaire, puis entrée des 50 ares dans l'assolement biennal.

Clôture.

Les champs et les prés seront fermés par des barrières que le fermier sera tenu d'entretenir et de renouveler dans de bonnes conditions de solidité, le bois étant pris sur la ferme.

Les talus servant de clôture seront entretenus avec soin et au besoin relevés. Ils seront ensemencés de préférence en ajoncs, et de distance en distance plantés, soit d'arbres à fruits, soit d'arbres à bois, comme il a été dit.

Emploi et consommation des foins, pailles, bruyères et landes.

Tous ces produits et toutes substances herbacées provenant de la ferme seront consommées sur la ferme, et converties en fumier ou en cendre, sans que les preneurs puissent en rien vendre.

Verger.

Dès la première année de jouissance, il sera établi un verger dans un champ de 50 ares environ, voisin des bâtiments de la ferme.

Le plant sera fourni par le propriétaire et la plantation sera faite par le fermier, sous la direction du propriétaire ; la terre de ce verger sera cultivée à la bêche pendant toute la durée du bail; les bestiaux ne pourront jamais y pénétrer, et la conduite des arbres sera faite par le fermier sous la direction du propriétaire.

Taillis.

Le propriétaire se réserve de désigner dans les taillis, avant la coupe, des baliveaux qui devront être conservés comme arbres de futaie dont il aura la direction : l'émonde, s'il y en a, profitera au fermier. Les coupes des taillis se feront par moitié tous les six ans, quand les bois auront atteint l'âge de douze ans. L'aménagement de ces coupes sera arrêté entre le fermier et le propriétaire au moment de l'entrée en jouissance.

Pâturage.

Lorsque les terres à repos seront soumises au pâturage, les arbres fruitiers qui y sont plantés seront mis à l'abri de l'atteinte des animaux par des garnitures d'épines ou de paille. Le pâturage dans les landes devra être considéré plutôt comme un moyen d'exercice que comme un moyen de nourriture. Il est interdit aux preneurs de laisser paître dans les bois taillis ni dans les avenues.

Dans les prés secs, le pâturage se fera après la récolte jusqu'à la mi-février, et on le suspendra dans les prés humides pendant l'hiver.

Entretien des bêtes à cornes.

Les preneurs seront tenus d'entretenir sur la ferme l'équivalent de deux têtes de gros bétail par hectare de terre cultivée ; de nourrir les vaches à l'étable le plus possible, et de les tenir au piquet dans les prés, quand il les y mettent.

Le propriétaire fera l'avance du prix des chaînes en fer, qui auront 7 mètres de long pour le pâturage au piquet ; ce prix lui sera remboursé sans intérêt en fin de ferme par les preneurs auxquels alors les chaînes appartiendront.

Les preneurs nourriront le bétail pendant l'hiver

avec des mélanges fermentés de racines, paille, foins et ajonc hachés ; à cet effet, ils seront tenus d'avoir des cuves à mélange.

Éducation du cheval.

Si les fermiers se livrent à l'éducation du cheval, ils devront donner à la poulinière et au poulain le plus de liberté possible, en même temps qu'une nourriture de choix. L'écurie sera aérée et propre; du sable calcaire sera étendu sous la litière pour absorber l'urine. Chaque animal aura le plus d'espace possible: le râtelier devra être devant lui et non sur sa tête, et, pour la saillie, il faudra recourir aux étalons éprouvés.

Confection des fumiers.

Tous les jours, il sera porté dans l'étable et étendu sous chaque bête, le matin, une brouettée de tourbe pulvérisée ou de terre sèche qui sera recouverte de litière fraîche. Tout le purin qui s'écoulera de dessous les vaches devra être recueilli chaque jour dans de la tourbe pulvérisée et de la terre sèche ou du sable calcaire, de manière que l'étable soit propre et inodore.

On étendera de même, sous la litière de chaque cheval, une brouettée de sable calcaire.

Les étables seront vidées tous les mois, et les écuries tous les jours, et chaque espèce de fumier mise à part ou mélangée, suivant le besoin.

Tous les fumiers en plein air seront recouverts d'une couche de tourbe ou de terre de 10 centimètres, pour empêcher la déperdition des gaz ; ils seront disposés sur des plates-formes entourées de rigoles conduisant le jus dans un ou plusieurs tonneaux enfoncés en terre ; ces jus seront utilisés soit à l'arrosement du fumier en été, soit à l'arrosement des prés et trèfles en hiver.

Aux fumiers, lors de leur entassement, seront mélangées toutes les matières vertes qui seront sans emploi meilleur, et notamment les ajoncs et bruyères.

A la fin du bail, les preneurs laisseront, sans indemnité, tous les fumiers bien confectionnés, comme ils laissent les foins, pailles, etc., de la dernière récolte, parce qu'ils reçoivent le tout en entrant.

Fossés, drains et drainages.

Tous les fossés seront curés chaque année au printemps, et la décharge des drains rendue libre ; l'eau ne devra séjourner nulle part; si quelque drain se bouchait, il serait relevé et l'écoulement rétabli par le fermier,

Si le propriétaire trouve utile de drainer quelques pièces de terre sous pré ou autrement, le fermier lui laissera le sol disponible sans indemnité, pendant le temps nécessaire à l'opération et payera 5 pour 100 d'intérêt du capital dépensé, et ce, à partir de la seconde année de la dépense.

Élagage des arbres, émondage et échenillage.

Le bailleur pourra faire l'élagage des arbres à haute tige, aux époques et de la manière qui lui paraîtront les plus convenables ; mais il laissera les bois élagués aux preneurs qui payeront la façon de l'élagage.

Ceux-ci disposeront du produit de l'émondage des haies qu'ils feront en séve de six ans, de manière qu'à leur sortie moitié sera disponible sur pied pour le fermier entrant.

Ils écheniller ont avec soin les arbres à fruit, sous peine de répondre de ceux qui seraient endommagés sous ce rapport.

Sous-bail et location de terres.

Les preneurs ne pourront sous-louer ni céder leur droit au présent bail, en totalité ni en partie, et ne pourront prendre à bail aucune autre terre, si ce n'est des prés.

Cas fortuits

Les preneurs seront tenus de tous les cas fortuits prévus ou imprévus, ordinaires ou extraordinaires.

Contributions.

Ils payeront seuls les contributions qui leur sont imposées par la loi et les contributions foncières pour moitié ; l'avance qu'ils sont tenus de faire de l'autre moitié entrera en déduction du prix du bail.

Assurances contre l'incendie.

Ils feront assurer, à frais communs avec le propriétaire, leur bâtiment de ferme et toutes les valeurs mobilières et d'exploitation.

Pépinière.

Les preneurs seront tenus de former, dès leur entrée en jouissance, une pépinière d'arbres à fruits et une pépinière d'arbres à bois dont les plants seront fournis par le propriétaire, et sur une surface de 10 ares.

La plantation sera faite sous la direction du propriétaire ; les soins d'entretien consisteront à biner deux fois l'an, à couvrir le sol de feuilles sèches après les binages d'automne, et à faire des élagages progressifs.

La moitié des plants appartiendra aux preneurs et la moitié au propriétaire, mais seulement pour les plantations qu'il jugera convenable d'établir sur la ferme ; ce qu'il n'aura pas utilisé ainsi restera la propriété du fermier, qui sera tenu d'enlever tout le plan à sa sortie.

Facilités à accorder au fermier entrant.

La dernière année de jouissance, les preneurs seront tenus de donner au fermier entrant toutes facilités pour labours, fumures, ensemencement de récoltes dérobées et autres facilités énumérées en l'art. 1777 C. N.

Fermage annuel.

Le prix de fermage annuel est fixé à. . . . et sera payé en un terme, le 29 septembre, après jouissance, pendant les six premières années et en deux termes, le 29 mars et le 29 septembre de chaque année pendant les six dernières années.

Caution.

Les preneurs seront tenus de fournir caution, si le propriétaire l'exige, même après l'entrée en jouissance.

Résolution du bail.

Le défaut de payement d'une année de fermage constaté par un commandement resté infructueux pendant quinze jours donnera lieu à la résiliation du bail, si bon semble au propriétaire, sans qu'il soit besoin de l'intervention de la justice, pour la Saint-Michel suivante, et sur la simple déclaration de sa volonté à cet égard.

Visite du ropriétaire.

Deux fois chaque année, aux époques qui lui paraîtront les plus convenables, le propriétaire fera une inspection des bâtiments, animaux et terres de la ferme, pour s'assurer, en compagnie du fermier, de l'exécution des conditions du bail.

Clause de sortie pour la plus-value de la ferme.

Si les parties s'entendent pour une continuation du bail, il sera fait, au commencement de l'avant-dernière année de jouissance, une estimation de la valeur locative de la ferme. La moitié de la plus-value de fermage que la ferme aura acquise entrera chaque année, pendant la durée du nouveau bail, en déduction pour autant du nouveau prix fixé par les experts, en sorte que le propriétaire ne profitera que de l'autre moitié de cette plus-value.

Et si les parties ne s'entendent pas sur la continuation du bail, la moitié de la plus-value, pendant une nouvelle période de douze ans, sera comptée en fin de chaque année de jouissance au fermier sorti par le propriétaire, qui aura le droit de se libérer à volonté de la part annuelle du fermier sorti, en la capitalisant.

Cette plus-value résultera, dans ce cas, du nouveau prix obtenu du nouveau fermier, à l'amiable ou par adjudication, à la volonté du propriétaire.

Elle devra être égale au prix offert par le fermier sortant, lors même que le prix accordé par le nouveau fermier serait inférieur.

Évaluation des charges.

Les charges imposées aux preneurs sont évaluées, mais pour la perception de l'enregistrement seulement, à la somme annuelle de

Élection de domicile.

Pour exécution des présentes, élection de domicile est faite à

Frais.

Les frais des présentes et ceux d'une grosse pour le propriétaire seront supportés par les preneurs.

Dont acte en minute,

Fait et passé à

L'an mil huit cent

TABLE DES MATIÈRES

TABLE ALPHABÉTIQUE

POUVANT SERVIR DE QUESTIONNAIRE.

PARIS — IMP. SIMON RAÇON ET COMP., RUE D'ERFURTH, 1.

enfin, propres à chaque genre, rendent cette histoire aussi attrayante qu'instructive.

La description de chaque oiseau figuré dans cet ouvrage est accompagnée de tout ce que nous avons pu recueillir, à ce sujet, dans les auteurs les plus renommés, Buffon, Levaillant, Vieillot, Temminck, Desmarest, Lesson, etc., et dans les relations plus récentes des voyageurs naturalistes qui, au commencement de ce siècle, ont parcouru toutes les parties du monde.

Comme pour les Lépidoptères, nous avons consacré un volume aux Oiseaux d'Europe, et un second volume aux Oiseaux exotiques.

Nous avons fait un choix des espèces les plus remarquables, parmi les cent quarante-quatre espèces de ces climats privilégiés, dans les genres Cotinga, Tangara, Colibri, Guépier, Perroquet, oiseau de Paradis, et dans une foule d'autres moins connus; c'est surtout dans les espèces qui n'appartiennent qu'aux régions du Tropique et de l'Équateur que, sous l'influence d'une chaleur à la fois plus intense et plus constante, d'une lumière plus vive, d'une végétation plus forte et plus active, ces richesses se développent dans toute leur puissance, et que se montrent unies à la plus surprenante variété de formes toutes les nuances et toutes les combinaisons de coloration avec un éclat qui, chez quelques-unes de ces espèces, égale et surpasse celui des métaux les plus brillants et des pierreries étincelantes dont elles ont emprunté les noms.

C'est parmi nos espèces européennes que se rencontrent peut-être les plus agréables chanteurs, les oiseaux aux gosiers les plus flexibles, à la voix pleine de charme et de douce mélodie. L'étude des mœurs et des habitudes nous a été plus facile que pour les oiseaux exotiques, et chacun, ayant la nature vivante sous les yeux, pourra décider si nous nous sommes écarté de la vérité, si cette même nature a été décrite et interprétée par nous d'une manière exacte et fidèle. Notre classification est calquée sur celle de Temminck; les planches ont le même format que son *Manuel d'ornithologie.*

PARIS. — IMP. SIMON RAÇON ET COMP., RUE D'ERFURTH, 1.

Le volume qui contient les *Lépidoptères d'Europe* vient d'être réimprimé, et M. Lucas a mis à profit dans cette deuxième édition les dernières recherches de nos entomologistes; les changements qu'a subis cet ouvrage en font un livre complétement neuf; c'est le meilleur guide que l'on puisse donner aux débutants, et il remplace, pour ceux qui sont plus avancés dans l'étude de la science, les grands ouvrages dont le prix est beaucoup plus élevé.

Dans cet ouvrage, chaque figure a une description particulière, dans laquelle les principaux caractères sont énoncés; de plus, chaque description est accompagnée de renseignements historiques puisés dans les meilleurs ouvrages.

Nous avons ajouté un aperçu de l'histoire des Lépidoptères, afin de mettre l'ouvrage au niveau des connaissances actuelles et de le rendre aussi élémentaire que possible. Les noms vulgaires sont suivis d'une synonymie exacte pour faciliter les recherches; et, pour les personnes qui, ayant pris goût à cette étude, désireront la poursuivre, nous avons donné, à la fin de l'ouvrage, les noms des auteurs où nous avons puisé nous-même.

On est d'accord actuellement pour diviser les Lépidoptères, d'une manière générale, en Diurnes (Achalinoptères ou Rhopalicères), et Crépusculaires et Nocturnes (Chalinoptères ou Hétérocères). La classification que nous avons suivie est celle de Latreille, la plus universellement adoptée. Enfin, nous avons cru utile de donner un petit traité de la manière d'attraper les papillons et de les préparer pour les conserver et en faire des collections.

PARIS. — IMP. SIMON RAÇON ET COMP., RUE D'ERFURTH, 1.

autorité dans la science ; entourés de matériaux considérables amassés depuis longues années et qui se sont accrus de tous ceux qui ont été mis généreusement à leur disposition, ils espèrent pouvoir offrir au public un livre utile, fruit de leur travaux persévérants et consciencieux.

PARIS — IMP. SIMON RAÇON ET COMP., RUE D'ERFURTH, 1

BULLETIN DE SOUSCRIPTION

La Flore de France comprend 3 volumes in-8 de chacun 800 pages.

M. F. Savy *expédie l'ouvrage* rendu franco *et soigneusement emballé, dans toute la France*, sans augmentation de prix.

Pour faciliter à tout pharmacien ou élève en pharmacie l'acquisition de ce livre utile, il offre, en outre, de faire pour le payement, deux mandats de chacun la moitié du prix, l'un à trois mois, l'autre à six mois du jour de l'expédition.

Pour jouir de ces avantages, renvoyer le présent bulletin, en indiquant lisiblement son nom, son adresse et ses qualités.

SIGNATURE :

Monsieur

F. SAVY, Libraire-Éditeur

24, rue Hautefeuille,

PARIS

borner à une nomenclature sèche et aride des termes techniques, c'est alors lui retirer tout intérêt ; entre ces deux excès la route est difficile à suivre, nous avons essayé de l'entreprendre. Une longue étude de l'histoire naturelle, et plus tard l'expérience de plus de dix années, consacrées à l'enseignement de cette science, nous ont préparé à la publication de notre ouvrage ; plus tard les conseils et les encouragements que nous avons reçus, nous ont fait un devoir de faire paraître le résumé de nos leçons.

Ces *Nouveaux Éléments d'Histoire naturelle* ont été rédigés dans le but : 1° d'offrir aux jeunes gens un cours clair et méthodique, pouvant leur servir de préparation immédiate aux examens du baccalauréat ès sciences et aux écoles du gouvernement ; 2° d'initier à l'étude de l'Histoire naturelle les personnes amies des sciences, en leur donnant des notions exactes et précises.

Quatre cent cinquante figures enrichissent ces trois volumes, qui sont imprimés sur beau papier ; c'est assez dire que nous n'avons rien négligé pour que l'exécution matérielle soit irréprochable.

Nous avons fait précéder chacun des trois volumes de l'histoire abrégée de la science qu'il traite. N'est-il pas naturel en effet en étudiant une science, de chercher à connaître son origine, ses progrès ou le développement de l'esprit humain ? Nous pensons que l'on nous saura gré de cette innovation.

GÉOLOGIE

DEUXIÈME ÉDITION

1 vol. in-18 de 240 pages avec 138 gravures dans le texte, 2 fr. 50

La Géologie est partagée en deux parties. La PREMIÈRE PARTIE comprend l'étude de la configuration extérieure du globe, et se divise en trois livres;

le premier a pour objet la constitution générale de l'écorce solide du globe ; le second expose les phénomènes actuels propres à expliquer les phénomènes anciens ; le troisième traite des phénomènes anciens qui ont contribué à la formation de la terre et aux modifications successives qu'elle a subies.

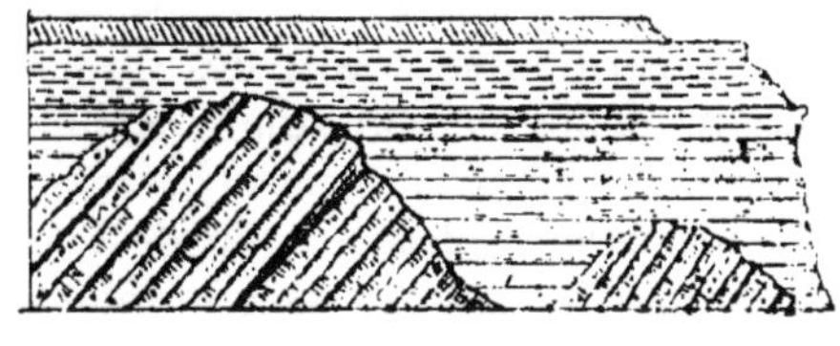

La SECONDE PARTIE comprend la classification méthodique des terrains, leur composition minéralogique, leur ordre de superposition et les fossiles caractéristiques qu'ils renferment ; c'est l'application des principes énoncés dans la première partie.

Ce qui rebute souvent les personnes qui veulent étudier la Géologie, c'est la nouveauté des termes en usage, dont on ne comprend pas toujours le sens ; nous en avons donné la racine étymologique, et dans un vocabulaire explicatif placé à la fin de l'ouvrage, nous avons répété cette même étymologie des termes techniques employés en Géologie.

BOTANIQUE

1 vol. in-18 avec 202 gravures intercalées dans le texte, 2 fr. 50

Toute l'existence de la plante consiste : 1° à se nourrir et à croître ou, en d'autres termes, à végéter ; 2° à se reproduire, c'est-à-dire à se multiplier ; nous avons suivi cet ordre naturel.

C'est pourquoi nous divisons notre œuvre en deux parties : la première partie comprend l'étude de la plante en général et de son développement, elle se subdivise en deux livres ; le premier a pour objet l'étude de chacun des organes qui constituent la plante, et nous suivons l'ordre de développement de ces organes, la racine, la tige, les feuilles, les fleurs et les fruits. Le second livre expose les phénomènes physiologiques, le jeu de ces organes.

Corolle rosacée de la Ronce.

Nous avons traité ensuite des phénomènes généraux qui se présentent dans les plantes, leur odeur, leur saveur, leur coloration, etc., l'état de maladie dans lequel elles peuvent se trouver, ou la Pathologie végétale.

Dans la seconde partie se trouvent comprises la Taxonomie, ou la classification méthodique des végétaux, et la Phytographie, ou la description des familles. Après avoir exposé les systèmes de Tournefort et de Linné, nous abordons avec plus de détails la méthode naturelle de Jussieu.

Nous terminons cette seconde partie par deux chapitres : l'un sur la Géographie botanique ou la répartition des plantes sur la terre; l'autre traite de la Botanique fossile, si intéressante et si curieuse au point de vue de l'apparition successive des végétaux au sein des couches qui constituent l'écorce solide de notre globe. Enfin, comme dans notre Cours de Géologie, nous avons donné la racine étymologique de chaque terme technique, et dans un vocabulaire placé à la fin de l'ouvrage, l'explication de tous les mots scientifiques employés dans le volume.

ZOOLOGIE

1 vol. in-18 avec gravures intercalées dans le texte, 2 fr. 50

Nous suivons dans notre cours de Zoologie la même méthode que dans le volume qui traite de la Botanique.

Dans la première partie, nous traitons de l'Anatomie et de la Physiologie comparée, nous donnons la description de chacun des organes du corps

Lion.

de l'animal et nous expliquons ensuite le jeu des organes, c'est-à-dire les différentes fonctions qu'ils remplissent. La deuxième partie comprend la classification méthodique des animaux, l'étude de leurs mœurs, leur utilité et enfin leur distribution géographique sur le globe.

PARIS. — IMP. SIMON RAÇON ET COMP., RUE D'ERFURTH, 1.

CATALOGUE

DE

F. SAVY

ÉDITEUR

MÉDECINE
HISTOIRE NATURELLE — PHYSIQUE — CHIMIE
AGRICULTURE — ENSEIGNEMENT

Tous les ouvrages de ce Catalogue sont expédiés par la poste en France et en Algérie FRANCO et sans augmentation sur les prix désignés

Joindre à la demande des timbres-poste ou un mandat sur Paris

On peut se procurer également ces ouvrages par l'intermédiaire de tous les libraires de la France et de l'étranger.

PARIS
24, RUE HAUTEFEUILLE, 24
PRÈS LE BOULEVARD SAINT-GERMAIN

1er JUILLET 1868

OUVRAGES PAR ORDRE ALPHABÉTIQUE

AGASSIZ. Recherches sur les poissons fossiles, comprenant a description de 500 espèces qui n'existent plus, l'exposition des lois de la succession et des développements organiques des poissons durant toutes les métamorphoses du globe terrestre; une nouvelle classification de ces animaux, exprimant leurs rapports avec la série des formations; enfin des considérations géologiques générales tirées de l'étude de ces fossiles. Neufchâtel, 1833-1843. 5 vol. in-4 et atlas de 400 pl. in-fol. publiées en 18 livraisons. . . . . 648 fr.

—— **Monographie des poissons fossiles** du vieux grès rouge ou système dévonien des Iles Britanniques et de la Russie. Soleure, 1844. 3 liv. in-4 avec 41 pl. in-folio color. . . . . 100 fr.

—— **Monographie d'Échinodermes vivants et fossiles,** devant former une histoire complète de cette classe d'animaux. Neufchâtel. 1832-1842.

1re livraison, contenant les **Salénies.** In-4, avec 5 pl.. . . . . 10 fr.
2e livraison, contenant les **Scutelles.** In-4, avec 27 pl. . . . 40 fr.
3e livraison, contenant les **Galérites** et les **Dysasters,** par E. Desor. In-4, avec 17 planches. . . . . 24 fr.
4e livraison, contenant l'anatomie du genre **Echinus,** par Valentin. In-4 et atlas de 9 pl., grand in-folio. . . . . 24 fr.

—— **Description des Echinodermes fossiles de la Suisse.** Neufchâtel, 1839.

1re partie, **Spatangoïdes** et **Clypéastroïdes.** In-4, 14 pl. 15 fr.
2e partie, les **Cidarides.** In-4, avec 10 pl. . . . . 15 fr.

—— **Études critiques sur les Mollusques.**

1re livraison. contenant les **Trigonies.** 1840. In-4, avec 11 pl. 12 fr.
2e livraison, contenant les **Myes.** 1842. In-4, avec 48 pl. . . . 48 fr.
3e livraison, contenant les **Myes du Jura et de la craie suisse.** 1842, avec 27 pl. . . . . 28 fr.
4e livraison, **Myes du Jura.** 1845. In-4, avec 19 pl. . . . . 24 fr.

—— **Iconographie des Coquilles tertiaires.** Neufchâtel, 1845. In-4, avec 14 pl. . . . . 15 fr.

—— **Mémoire sur les moules de Mollusques vivants et fossiles.** Première partie, seule publiée. Moules d'acéphales vivants. Neufchâtel, 1839. In-4, avec 9 pl.. . . . . 12 fr.

—— **Histoire naturelle des poissons d'eau douce de l'Europe centrale.** Neufchâtel, 1859. Première livraison, in-folio, avec 27 planches coloriées. . . . . 75 fr.

— 2e livraison, **Embryologie des Salmones,** par C. Vogt. 1842. In-folio. de 14 pl., avec texte gr. in-8 de 328 p. . . . . 36 fr.

—— **Nomenclator zoologicus,** continens nomina systematica generum animalium, tam viventium quam fossilium, secundum ordinem alphabeticum disposita, adjectis auctoribus, libris in quibus reperiuntur, annus editionis, etymologia et familiæ ad quas pertinent in variis classibus. Soleure, 1842-1847 2 vol. gr. in-4. . . . . 80 fr.

ANNUAIRE des eaux minérales et des bains de mer de la France et de l'étranger, publié par la *Gazette des eaux.* 10e année, 1868. 1 joli vol. in-18 de 300 p., paraissant chaque année depuis 1859. 1 fr. 50

Cartonné en toile anglaise. . . . . 2 fr.

Ce volume renferme :

Une *nomenclature générale des stations d'eaux minérales* en France, indiquant leur situation, la nature des sources, leur température, leurs propriétés médicales, les noms des médecins inspecteurs, inspecteurs adjoints et médecins exerçant auprès de chacune d'elles, et *les moyens de communication* qui y conduisent;

Une nomenclature semblable pour les eaux minérales les plus importantes de l'étranger;

Le classement des sources minérales selon leur nature et selon les maladies qui s'y adressent;

Une liste des établissements de bains de mer et des principaux établissements hydrothérapiques en France.

Il donne la liste :

Du personnel chargé du service des eaux minérales au ministère de l'agriculture, du commerce et des travaux publics;

Des membres du comité consultatif d'hygiène auprès de ce département;

Des membres de la section des travaux publics au conseil d'État;

Des membres du conseil général des mines;

De la commission des eaux minérales à l'Académie impériale de médecine;

Du conseil de santé des armées;

Des médecins des eaux minérales résidant à Paris pendant la saison d'hiver;

Des chimistes qui s'occupent plus particulièrement des eaux minérales.

Il contient enfin :

Des documents officiels sur le service des eaux minérales, la liste des médailles décernées par l'Académie de médecine;

Des documents pratiques sur l'hygiène et l'usage des eaux minérales;

Des notices détaillées sur quelques stations, faisant suite aux notices déjà publiées dans les précédentes éditions;

Divers renseignements généraux, utiles aux personnes qui fréquentent les eaux minérales, notamment l'indication des principaux hôtels.

ANCELET (**E.**). **Études sur les maladies du pancréas.** Paris, 1866. In-8 de 160 pages. . . . . 2 fr. 50

ANSBERQUE (**Edme**). **Flore fourragère de la France**, reproduite par la méthode de compression dite phytoxygraphique. Lyon, 1866. 1 vol. in-fol. avec 270 planches. 40 fr.

— **ET CUSIN. Herbier de la flore française**, publié sous le patronage du service des parcs et jardins de la ville de Lyon par le procédé de reproduction dit de phytoxygraphie. Lyon, 1867, tome Ier, in-fol. avec 190 planches représentant les Renonculacées, les Berbéridées, les Nymphéacées, les Papavéracées, les Fumariacées. . . . . 30 fr.

Cet ouvrage, qui formera 25 volumes in-folio, sera publié en huit années. Il peut servir d'illustration à la *Flore de France* de Grenier et Godron.

ARCHIAC (**D'**). **Introduction à l'étude de la paléontologie stratigraphique.** Cours de paléontologie, professé au Muséum d'histoire naturelle. Paris, 1862-1864. 2 vol. in-8 de 500 p., avec figures dans le texte et cartes coloriées. . . . . 16 fr.

Le Ier volume renferme l'*Histoire de la paléontologie stratigraphique*. M. d'Archiac fait tour à tour l'histoire de la paléontologie dans l'antiquité, au moyen âge, en France, dans l'Italie, les Alpes et la Suisse, la Bavière, le Wurtemberg, le Cobourg, la Pologne, la Russie et la Silésie, le centre de l'Europe, de l'Allemagne, et les deux Amériques, etc., etc. Ce volume peut servir de Bibliographie paléontologique. . 7 fr. 50

Le tome II traite des *Connaissances générales qui doivent précéder l'étude de la paléontologie stratigraphique et des phénomènes organiques de l'époque actuelle qui s'y rattachent.* — Origine des êtres; De l'espèce; M. Darwin; Classification géologique; Distribution des vertébrés terrestres; Distribution des animaux aquatiques; Lignes isocrymes; Distribution des êtres organisés; Distribution des végétaux; Iles et récifs de polypiers; Organismes inférieurs; Gisements principaux; Preuves de l'existence de l'homme; Restes d'industrie humaine; Habitations lacustres; Ouvrages en terre de l'Amérique du Nord; Fossilisation. . . . . 8 fr. 50

Les matières traitées par M. d'Archiac n'ont donc été publiées jusqu'à ce jour dans aucun ouvrage de paléontologie. Cet ouvrage peut donc être considéré comme le complément de tous les traités de paléontologie; il se rattache en outre par la méthode à l'*Histoire des progrès de la géologie*, du même auteur.

ARCHIAC (D') Histoire des progrès de la géologie de 1834 à 1860, publiée par la Société géologique de France, sous les auspices de M. le ministre de l'instruction publique. Paris, 1847-1860. 8 vol. grand in-8, en 9 parties.

TOME I. Cosmogonie et Géogénie. — Physique du globe. — Géographie physique. — Terrain moderne. . . . . » »

TOME II. *Première partie.* — Terrain quaternaire ou diluvien. . . 5 »

TOME II. *Deuxième partie.* — Terrain tertiaire. 8

TOME III. Formation nummulitique. — Roches ignées ou pyrogènes des époques quaternaire et tertiaire. . . . . 8 »

Voir D'ARCHIAC et HAIME : *Description des animaux fossiles du groupe nummulitique de l'Inde.*

TOME IV. Formation crétacée, *première partie*, avec pl. . . . . . 8 »

TOME V. Formation crétacée, *deuxième partie*. . . . . 8 »

TOME VI. Formation jurassique, *première partie*, avec pl. . . . . 10 »

TOME VII. Formation jurassique, *deuxième partie*, avec pl. . . . . 8 »

TOME VIII. Formation triasique. . . . . 8 »

—— **Géologie et paléontologie**. Ire partie. Histoire comparée. IIe partie. Science moderne. Paris, 1867. 1 fort vol. in-8. . . 7 fr. 50

—— **ET Jules HAIME. Description des animaux fossiles du groupe nummulitique de l'Inde**, précédée d'un résumé géologique et d'une monographie des nummulites. Paris, 1853-1854. 2 vol. in-4 avec 36 planches de fossiles. . . . . 60 fr.

Le tome II se vend séparément. . . . . 30 fr.

L'ouvrage de MM. d'Archiac et Jules Haime forme le complément nécessaire du tome III de l'*Histoire des progrès de la géologie.*

Le tome I comprend la Monographie des Nummulites avec la description des Polypiers et des Echinodermes de l'Inde.

Le tome II, les Mollusques Bryozoaires, Acéphales, Gastéropodes, Céphalopodes, Annélides et Crustacés.

ARMENGAUD, jeune (CH.), ingénieur civil. **L'ouvrier mécanicien. Guide de mécanique pratique**, précédé de notions élémentaires d'arithmétique décimale, d'algèbre et de géométrie, indispensables pour l'intelligence et la solution des diverses applications qui y ont rapport avec tables et calculs 8e édit. Paris, 1867. 1 vol. in-18, avec pl. . 4 fr.

—— **Formulaire de l'ingénieur.** Carnet usuel des architectes, agents-voyers, mécaniciens. directeurs et constructeurs de travaux, industriels et manufacturiers. Paris, 1865. 1 vol. in-18. . . . . 4 fr.

BAILLON (H.), professeur de botanique à la Faculté de médecine de Paris. **Botanique cryptogamique.** (*Voir* PAYER.)

—— **Étude générale du groupe des Euphorbiacées.** Recherches des types. — Organographie. — Organogénie. — Distribution géographique. — Affinités. — Classification — Description des genres. Paris, 1858. 1 vol. grand in-8, avec atlas cartonné. . . . . 36 fr.

—— **Monographie des Buxacées et des Stylocérées.** Paris, 1859. 1 vol. grand in-8, avec 3 planches gravées. . . . . 5 fr.

BARBASTE. De l'état des forces dans les maladies, et des indications qui s'y rapportent. Paris, 1851. 1 vol. in-8. . . . . . . 2 fr.

—— **De l'homicide et de l'anthropophagie.** Paris, 1856. 1 volume in-8. (7 50). . . . . 3 fr 50

BAUDOT (E.), ancien interne des hôpitaux, etc. **Voies d'introduction des médicaments.** Applications thérapeutiques. Paris, 1866. 1 vol. in-8. . . . . 3 fr.

BAUMÈS, ancien chirurgien en chef de l'Antiquaille. **Précis historique et pratique sur les diathèses.** Paris, 1853. 1 vol. in-8. (5). 2 fr.

— **Traité des maladies venteuses.** Lettres sur les causes et effets de la présence des gaz ou vents dans les voies gastriques, et sur les moyens de guérir ou de soulager ces maladies, 2e éd. Paris, 1837. 1 v. in-8 (5). 3 fr.

— **Précis théorique et pratique des maladies vénériennes.** Paris, 1840. 2 vol. in-8. (12). 6 fr.

BÉRON (Pierre). **Physique céleste.** Tome I, contenant le système du monde ; tome II, contenant le système planétaire ; tome III, contenant l'origine de la terre et de l'homme. Paris, 1866-1868. 3 vol. in-8. . . 24 fr.

BENVENISTI (M.). **Storia anatomia patologica del sistema vascolare.** Vene e vasi linfatici. I seni e le vene cerebrali in relazione alle varie forme delle alienazioni mentali e delle convulsione epilettiche. Padova, 1857-1862. 2 voi. in-8. . . . . 18 fr

BERTHIER (P.), médecin de l'hospice de Bicêtre. **Excursions scientifiques dans les asiles d'aliénés.** — Première série, comprenant les asiles d'Auxerre, de Lyon, de Grenoble, de Dôle, de Chambéry, de Saint-Dizier, de Moulins, de Montpellier, de Dijon, de Rodez, de Caen, d'Avignon, etc. Paris, 1862. 1 vol. in-8. . . . . 2 fr. 50

— Deuxième série comprenant les asiles de Rouen, de Montauban, de Bonneval, de Toulouse, de la Charité, de Marseille, de Châlons-sur-Marne, de Privas, de Limoges, de Bourges, d'Auch, d'Orléans, d'Albi, de Blois, de Clermont-Ferrand, de Cadillac, de Bordeaux, etc.; Paris, 1864. in-8 avec une carte itinéraire des asiles d'aliénés de la France. . . . . 2 fr. 50

— Troisième série comprenant les asiles de Clermont-sur-Oise, du Mans, d'Alençon, d'Angers, de Nantes, de Pont-l'Abbé-Picauville, de Pau, de Saint-Venant, de Strasbourg, de Rennes, de Lille, de Leyme, de Niort, de Mayenne, d'Armentières, de Nancy, du Puy, de Napoléon-Vendée, de Bourg. Paris, 1865, 1 vol. in-8. . . . . 2 fr. 50

— Quatrième série comprenant les asiles de Quimper, Aurillac, Saint-Alban, Morlaix, Saint-Brieuc, Tours, Limoux, Poitiers, Saint-Lô, Lafond, la Rochelle, Pontorson, Dinan, Evreux, Saint-Dizier, Angoulême, Aix, Charenton, Sainte-Anne et suivie d'une table analytique générale des matières contenues dans les quatre séries. Paris, 1867, 1 vol. in-8. . . . . . 2 fr. 50

— **Médecine mentale.**

Première étude. — De l'isolement. 1857. Broch. in-8. . . . . 1 fr. 50
Deuxième étude. — Des causes. Paris, 1860. 1 vol. in-8. . . . 4 fr.

— **De la folie diathésique.** Paris, 1859. In-8. . . . . 1 fr. 50

— **De l'imitation,** au point de vue médico-philosophique. Paris, 1861. 1 vol. in-8. . . . . 75 c.

— **Erreurs relatives à la folie.** Paris, 1863. In-8. . . . . . . 75 c.

BOLLEY (Al.), professeur de chimie industrielle, à l'Université de Zurich. **Manuel des essais et recherches chimiques appliqués à l'industrie et aux arts,** traduit de l'allemand sur la 3e édition, par le Dr L. Gautier. Paris, 1868. 1 vol. in-18, de 700 pages avec 100 figures dans le texte. . . . . 7 fr. 50

BOSSU (A.). Nouveau dictionnaire d'histoire naturelle et des phénomènes de la nature. Paris, 1858. 3 vol. gr. in-8 à 2 colonnes, avec 1,400 figures dans le texte. . . . . 27 fr.

—— **Traité des plantes médicinales indigènes,** précédé d'un Cours de botanique. 2e édition, Paris, 1862. 2 vol. in-8, avec 60 planches gravées, représentant les organes des végétaux, les caractères des familles, etc.. . . . . 13 fr.

— Le même ouvrage, figures coloriées... . . . . 22 fr.

—— **Anthropologie** ou étude des organes, fonctions, maladies de l'homme et de la femme, comprenant l'anatomie, la physiologie, l'hygiène, la pathologie, la thérapeutique et la médecine légale. 5e édition. Paris, 1859. 2 v. in-8, avec atlas de 20 planches. . . . . 15 fr.

— Le même ouvrage, figures coloriées. . . . . 22 fr.

BOUCHARD, ancien interne lauréat des hôpitaux de Paris, délégué par la Société de médecine de Lyon à Saint-Gemmes (Maine-et-Loire) et dans les Landes. **Recherches nouvelles sur la pellagre.** Paris, 1862. 1 vol. in-8 de 400 pages. . . . . 6 fr.

Ouvrage couronné par les Sociétés de médecine de Lyon et Strasbourg (prix de 500 fr.), et honoré d'un encouragement de 1,000 fr. par l'Institut (Académie des sciences).

—— **Études sur quelques points de la pathogénie des hémorrhagies cérébrales.** Paris, 1867. 1 vol. in-8 avec pl . . 3 fr.

—— **Études expérimentales sur l'identité de l'herpès circiné et de l'herpès tonsurant.** 1861. Brochure in-8. . . . . . . 75 c.

BOURGOIN (Edme), pharmacien en chef de l'Hôpital du Midi. **De l'isomérie.** Paris, 1866. In-8 de 135 pages.. . . . . 2 fr. 50

BOUÉ (A.). Guide du géologue voyageur. Paris, 1836. 2 vol. in-18.. . . . . 8 fr.

BOURGUIGNAT (S. R.). Malacologie de la Grande-Chartreuse. Paris, 1864. 1 beau vol. grand in-8, avec 9 pl. de vues pittoresques, 8 pl. de moll. en double, noir et color. . . . . 30 fr.

—— **Mollusques nouveaux litigieux ou peu connus.** In-8 de 24 pages avec 4 pl. En vente au 30 juin 1868, les fascicules I à VIII. Prix de chaque fascicule.. . . . . 4 fr.

Sous ce titre, l'auteur se propose de publier comme complément des *Aménités et Spécilèges malacologiques* des fascicules contenant dix espèces (décades). Dix décades forment une centurie; chaque volume sera composé d'une centurie.

—— **Monographie du nouveau genre Moitessieria.** Paris, 1863. 1 vol. in-8, avec 2 planches. . . . . 4 fr.

Ce mémoire renferme la description de ce nouveau genre et les diagnoses de 3 espèces nouvelles.

—— **Monographie du nouveau genre français Paladilha.** Paris, 1865, grand in-8 de 16 p. avec pl . . . . 4 fr.

—— **Malacologie d'Aix-les-Bains.** Paris, 1864. 1 v. in-8 av. 3 pl. 10 fr.

Toutes les publications de M. Bourguignat sont imprimées à 100 exemplaires.

BRACHET. Recherches expérimentales sur les fonctions du système nerveux ganglionnaire et sur leur application à la pathologie, 2e édition. Paris, 1837. 1 vol. in-8 (7). . . . . 3 fr.

Ouvrage couronné par l'Institut.

BROSSARD (E.). **Essai sur la constitution physique et géologique des régions méridionales de la subdivision de Sétif** (Algérie). Paris, 1866. 1 v. in-4 avec coupe et carte géol. col. 11 fr.

BURAT (Amédée). Description des terrains volcaniques de la France centrale. Paris, 1833. 1 v. in-8 avec 10 pl. . . . . 7 f. 50

CARRIÉ (Abbé). **Hydroscopographie et métalloscopographie,** ou Art de découvrir les eaux souterraines et les gisements métallifères au moyen de l'électro-magnétisme. 1863. 1 vol. in-8°. . . . . 5 fr.

CARTES GÉOLOGIQUES DE TOUS LES DÉPARTEMENTS français, d'Angleterre, de Belgique, d'Allemagne, de Suisse, de l'Espagne, d'Italie.

CAZALIS DE FONDOUCE (P.). **Dernier temps de l'âge de la pierre polie dans l'Aveyron**. La grotte sépulcrale de Saint-Jean-d'Alcas et les dolments de Pilaude et des Costes. Paris 1867. 1 vol. grand in-8, avec 4 planches. . . . . 5 fr.

CHANTRE (E.). Etudes paléoethnologiques ou recherches géologico-archéologiques sur l'industrie et les mœurs de l'homme des temps antéhistoriques. Paris, 1867. 1 vol. in-4, avec 14 planches. . . . 18 fr.

CHEVALIER. L'immense trésor des sciences et des arts, ou les Secrets de l'industrie dévoilés, contenant 840 recettes et procédés nouveaux inédits. 11e édition, 1863. 1 vol. in-8°. . . . . 5 fr.

CLÉMENT. Manuel forestier. 1 vol. in-18. . . . . 30 c.

COLLECTION DE VOLUMES A UN FRANC.

De la culture des fleurs dans les petits jardins, sur les fenêtres et dans les appartements, par Courtois-Gérard. 4e édition. Paris, 1864. 1 vol. in-32 de 192 pages, avec 15 gravures. . . . . 1 fr.

La Société centrale d'horticulture a décerné une médaille à cet ouvrage.

De la culture maraîchère dans les petits jardins, publié sous le patronage de la Société impériale et centrale d'horticulture, par Courtois-Gérard. 4e édition. Paris, 1861. 1 vol. in-32 de 192 pages, avec 15 grav. 1 fr.

La Société impériale et centrale d'horticulture a décerné une médaille de vermeil à cet ouvrage, et il a été honoré d'une souscription du ministre de l'agriculture.

Des animaux d'appartements et de jardins : oiseaux, poissons, chiens, chats; par F. Prévost. Paris, 1861. 1 vol. in-32 de 192 pages, avec 46 gravures dans le texte. . . . . 1 fr. »

Le même ouvrage, figures coloriées. . . . . 2 fr. 50

La Société protectrice des animaux a décerné à ce volume une mention honorable.

De la santé des petits enfants, ou conseils aux mères sur la conservation des enfants pendant la grossesse, sur leur éducation physique depuis la naissance jusqu'à l'âge de sept ans, et sur leurs principales maladies, par L. Seraine. 2e édit. Paris, 1861. 1 vol. in-32 de 192 pages. 1 fr.

Les préceptes du mariage, suivis d'un essai sur l'idéal de l'amour, du mariage et de la famille, par L. Seraine. 3e édition Paris, 1861. 1 vol. in-32 de 192 pages . . . . 1 fr.

Le même ouvrage, papier vergé, tiré à petit nombre. . . . . . . [illegible]

Petit ouvrage plein de charme et de la plus haute moralité. Il devrait se trouver dans toutes les corbeilles de mariage.

Leçons d'un instituteur, pour disposer les enfants aux bons traitements envers les animaux, par Ph. Passot, membre de la Société protectrice des animaux. Paris, 1862. 1 vol. in-32 de 192 pages. . . . . 1 fr.

L'œillet, son histoire et sa culture, par M. A. Dupuis. Paris, 1865. 1 vol. in-32 de 100 p.. . . . . 1 fr.

COLLOMB (**Édouard**). **Carte géologique des environs de Paris**, d'après les travaux de MM. Cuvier et Brongniart, Omalius d'Halloy, Dufrénoy et Elie de Beaumont, d'Archiac, Raulin, de Sénarmont, Delesse, Deshayes, Desnoyers, Goubert, Hébert, Lambert, Lartet, Meugy, d'Orbigny, Michelot, Triger, Verneuil. Paris, 1866. 1 feuille imprimée en couleur au $\frac{1}{320000}$. . . . . 10 fr.

La même, sur toile, dans un étui. . . . . 12 fr. 50

COMTE (Achille). Introduction à toutes les zoologies. Paris, 1835. In-4 avec 150 fig. dans le texte. (2 fr. 50). . . . . 75 c.

COQUAND (**H.**), membre de la Société géologique de France. **Géologie et paléontologie de la région sud de la province de Constantine.** Marseille, 1862. 1 v. in-8 de 320 p. av. 40 pl. de fossiles. . 40 fr.

— **Monographie paléontologique** de l'étage aptien de l'Espagne. Marseille, 1865. 1 vol. in-8 de 225 p. avec 30 pl.. . . . . 30 fr.

Pour les autres publications de M. Coquand, voir nos Catalogues d'Histoire naturelle.

COTTEAU (**G.**). **Échinides fossiles des Pyrénées.** Paris, 1863. 1 vol. in-8 de 160 pages, avec 9 pl. représentant 119 sujets. . . 8 fr.

Pour les autres publications de M. Cotteau, voir nos Catalogues d'Histoire naturelle.

COULON (A.), professeur à l'École de médecine d'Amiens, chevalier de la Légion d'honneur. **Traité clinique et pratique des fractures chez les enfants**, revue et précédé d'une lettre par le docteur Marjolin, chirurgien de l'hôpital Sainte-Eugénie (enfants malades), membre de la Société de chirurgie, etc. Paris, 1861. 1 vol. in-8. . . . . 4 fr.

Ouvrage couronné par la Société de médecine de Lille.

— **De l'angine couenneuse** et du croup considérés au point de vue du diagnostic et du traitement. 2e édition. Paris, 1867. 1 volume in-8 de 100 pages.. . . . . 2 fr.

COULON (A.). De l'ophthalmie purulente chez les enfants. 1863. in-8 de 24 p. . . . . 1 fr.

— **De la fièvre typhoïde dans la première enfance**. 1863. In-8. . . . . 1 fr.

COURTOIS-GÉRARD. Voir *Collection de volumes à 1 fr.*

CUVIER (Georges). Recherches sur les ossements fossiles, où l'on rétablit les caractères de plusieurs animaux dont les révolutions du globe ont détruit les espèces. 4e et dernière édition revue et complétée par l'auteur. Paris, 1836. 10 vol. in-8 et 2 atlas in-4, contenant 280 pl. de fossiles (150). . . . . 50 fr.

DEBAT (L.). Flore analytique des genres et espèces appartenant à l'ordre des mousses, pour servir à leur détermination dans les départements du Rhône, de la Loire, de Saône-et-Loire, de l'Ain, de l'Isère, de l'Ardèche, de la Drôme et de la Savoie. Paris, 1867. Gr. in-8 de 200 pages. . . . . 5 fr.

DEFRANCE. Tableau des corps organisés fossiles, précédé de remarques sur leur pétrification. Paris, 1824. In-8.. . . . . 3 fr.

★

DELACROIX (**ÉMILE**) et **ROBERT** (**AIMÉ**). **Les eaux.** Étude hygiénique et médicale sur l'origine, la nature et les divers emplois des eaux, tant ordinaires que médicinales, suivie d'un tableau général indicateur des sources minérales et stations balnéaires de la France et de l'étranger. Paris, 1865. 1 vol. in-18. . . . . 2 fr. 50

DELATTRE (**G. A.**), ancien chirurgien-major, chevalier de la Légion d'honneur. **Traité pratique des accouchements**, des maladies des femmes et des enfants. Paris, 1865. 1 vol. in-8 de 1,245 pages avec 27 pl. contenant 407 figures. . . . . 16 fr.

DELESSE, ingénieur des mines, professeur à l'École normale et des mines, membre des Sociétés géologiques de France et de Londres, etc. **Carte géologique du département de la Seine**, publiée d'après les ordres de M. le préfet de la Seine. Paris, 1866. 4 feuilles imprimées en chromolithographie, avec légende explicative. . . . . 20 fr.

La carte géologique du département de la Seine résume tous les résultats donnés par les travaux souterrains : elle permet d'indiquer à l'avance la nature et même la cote des différents terrains qui seraient rencontrés en un point quelconque. Elle sera donc fort utile, non-seulement aux personnes qui s'occupent de géologie, mais encore aux ingénieurs, aux architectes, aux constructeurs et à tous ceux qui ont besoin de connaître le sous-sol parisien.

— **Carte hydrologique du département de la Seine**, publiée d'après les ordres de M. le préfet de la Seine. Paris, 1866. 4 feuilles imprimées en chromo-lithographie avec légende explicative. . . . . 20 fr.

— **Procédé mécanique pour déterminer la composition des roches**. 2e édition. Paris, 1862. Brochure in-8. . . . . . . 1 fr. 25

— **Recherches sur l'origine des roches**. 2e édition. Paris, 1865. Broch. in-8. . . . . 2 fr. 50

DELILE. Flore d'Égypte. 1 atlas grand in-folio de 62 pl. avec texte (150). . . . . 25 fr.

DESLONGCHAMPS (**Eugène**). **Études critiques sur les brachyopodes nouveaux ou peu connus.**

Ces études seront publiées par fascicules renfermant 4 planches et 3 feuilles de texte du prix de 2 fr. 50. En vente, les fascicules I à III. . . . . 7 fr. 50
Pour les autres publications de M. E. Deslongchamps, voir nos Catal. d'Hist. nat.

DESPINES (**Prosper**), docteur en médecine. **Psychologie naturelle** ou Étude sur le facultés intellectuelles et morales. Paris 1869. 3 v. in-8. 25 fr.

DESPLATS (**V.**), professeur agrégé à la Faculté de médecine de Paris. **Lois générales de la production et de la propagation du courant électrique.** Paris, 1863. 1 vol. in-8. . . . . 1 fr. 50

DES VAULX (**J. P.**), docteur en médecine. **Guide pour le traitement des maladies vénériennes**, à l'usage des gens du monde, avec 4 planches coloriées, dessinées par le docteur Claparède. Paris, 1862. 1 vol. in-32, de 192 pages. . . . . 1 fr.

DEVAY (**Francis**), professeur à l'École de médecine de Lyon. **De la médecine morale**. Paris, 1861. 1 vol. in-8. . . . . 2 fr. 50

— et **GUILLIERMOND. Recherches nouvelles sur le principe de la ciguë** (**conicine**), et de son mode d'application aux maladies cancéreuses et aux engorgements de la matrice et du sein. 2e édition. Paris, 1853. In-8 (4). . . . . 2 fr.

DICTIONNAIRE DES SCIENCES NATURELLES, dans lequel on traite méthodiquement des différents êtres de la nature, considérés soit en eux-mêmes d'après l'état actuel de nos connaissances, soit relativement à l'utilité qu'en peuvent retirer la médecine, l'agriculture, le commerce et les arts; par les professeurs du Muséum d'histoire naturelle de Paris, sous la direction de G. et de Fr. Cuvier. Texte, 61 vol. in-8; contenant 1220 planches gravées et coloriées (1,200 fr.). . . . . 275 fr.
Le même ouvrage, figures noires. . . . . 100 fr.

DICTIONNAIRE CLASSIQUE D'HISTOIRE NATURELLE, par MM. Audouin, Brongniart, Edwards, de Férussac, Drapiez, Flourens, de Jussieu, Lucas, Richard, Bory de Saint-Vincent, etc. Paris, 1824-1830. 17 vol. in-8, avec un atlas de 160 pl. col. (90 fr.). . . . . 50 fr.

DIERBACH (J.-H.). Flore mythologique ou Traité de la connaissance des Plantes dans leurs rapports avec la mythologie et la symbolique des Grecs et des Romains, traduite de l'allemand par le docteur Louis Marchant. Dijon, 1867. In-8. . . . . 5 fr,

DOLLFUS-AUSSET, manufacturier à Mulhouse, ancien préparateur de M. Chevreul. **Matériaux pour la coloration des étoffes.** Paris, 1865. 2 vol. grand in-8. . . . . 20 fr.

—— **Matériaux pour l'étude des glaciers.** Paris, 1863-1868. 10 vol. grand in-8 et atlas in-folio. . . . . 240 fr.

T. Ier — Ire partie. — Auteurs qui ont traité des hautes régions des Alpes et des glaciers, et sur quelques questions qui s'y rattachent. . . . . 20 fr.
T. Ier. — IIe partie. — Auteurs, etc., etc. . . . . 20 fr.
T. Ier. — IIIe partie. — Auteurs, etc., etc. . . . . 20 fr.
T. II. — Hautes régions des Alpes; Géologie; Météorologie; Physique du globe. . . . . 20 fr.
T. III. — Phénomènes erratiques. . . . . 20 fr.
T. IV. — Ascensions. . . . . 20 fr.
T. V. — Glaciers en activité. — *Ire partie*. . . . . 20 fr.
T. VI. — Glaciers en activité. — *IIe partie*. . . . . 20 fr.
T. VI. — IIe partie. — Glaciers en activité. — *IIIe partie*. (*Sous presse.*)
T. VII. — Tableaux météorologiques. . . . . 20 fr.
T. VIII. — Observations météorologiques et glaciaires à la station Dollfus-Ausset, au col du Saint-Théodule (3,350 m. alt.), du 1er août 1865 au 1er août 1866. . . . . 20 fr.
T. IX. — Monographie des glaciers. (*Sous presse.*)
T. X. — Atlas de 80 planches. (*Sous presse.*)

DOLLFUS (Aug.), Membre de la Société géologique de France. **Protogea Gallica.** La Faune kimméridienne du cap de la Hève. Paris, 1863. 1 vol. in-4, avec 18 pl. sur papier de Chine. . . . . 20 fr.

D'ORBIGNY (CH.). Tableau chronologique des divers terrains, ou systèmes de couches connues de l'écorce terrestre, présentant, d'une manière synoptique les principaux êtres organisés qui ont vécu aux diverses époques géologiques, et indiquant l'âge relatif aux différents systèmes de montagnes, établis par M. Elie de Beaumont. 1 feuille jésus coloriée. . . . . 2 fr.

—— Le même collé sur toile, vernissé et monté sur gorge et rouleau (*propre à l'enseignement*). . . . . 5 fr.

—— **Coupe figurative de la structure de l'écorce terrestre** avec indication et figures des principaux fossiles caractéristiques des divers étages. 1 feuille grand-aigle, avec 182 figures de fossiles dessinées par Léger et coloriées. . . . . 6 fr.

—— Le même collé sur toile, vernissé et monté sur gorge et rouleau (*propre à l'enseignement*). . . . . 12 fr.

D'ORRIGNY (CH.). Description des roches composant l'écorce terrestre et des terrains cristallins constituant le sol primitif, ouvrage rédigé d'après la classification, les manuscrits inédits et les leçons publiques de feu M. CORDIER. Paris, 1868. 1 fort vol. in-8. 10 fr.

DUBRUEIL, prosecteur de la Faculté de médecine de Paris. **Manuel d'opérations chirurgicales.** Paris, 1867. 1 vol. in-18 avec planches coloriées, publié par fascicules.

1er fascicule : Opérations qui se pratiquent sur l'appareil circulatoire (Artères), avec 8 pl. col.

2e fascicule : Opérations qui se pratiquent sur l'appareil circulatoire (Veines), avec 4 pl. col.

3e fascicule : Opérations qui se pratiquent sur l'appareil locomoteur (Amputations, Désarticulations), avec 4 pl. col.

4e fascicule : Opérations qui se pratiquent sur l'appareil locomoteur (Amputations, Désarticulations), avec 4 pl. col.

Prix du fascicule. 1 fr. 50

—— **De l'amputation intra-deltoïdienne.** Paris, 1866. In-8. 75 c.

—— **Note sur la cicatrisation des os et des nerfs.** Paris, 1867. In-8. . . . . 50 c.

—— **Des indications qui représentent les luxations de l'astragale.** Paris. 1864. In-4 de 41 pages et planches. . . . . 2 fr.

—— **De l'Iridectomie.** Paris, 1866. In-8 de 90 pages. . . . . . 2 fr.

—— **Recherches** sur l'action physiologique du sulfocyanure de potassium (en collaboration avec M. Legros). In-8 de 4 pages. . . . . 50 c.

DUFRÉNOY et ÉLIE DE BEAUMONT. Carte géologique de la France, publiée par ordre du ministre des travaux publics. 6 feuilles grand-aigle coloriées, sur toile et pliées. In-4. . . . . 167 fr. 50

—— **Explication de la carte géologique de la France.** *En vente*, les tomes I et II. 33 fr. 75

Le tome Ier contient la Carte réduite en une feuille.

—— **Carte géologique de la France**, imprimée en couleur (réduction de la grande carte en 6 feuilles). 1 feuille avec le réseau pentagonal. 5 fr.

— LA MÊME, collée sur toile. 7 fr.

DULAC (Abbé J.). Flore du département des Hautes-Pyrénées. Paris, 1867. 1 vol. in-18 avec gravures dans le texte, extraites de la Botanique de Richard. . . . . 10 fr.

DUMORTIER (Eug.), membre de la Société géologique de France. **Etudes paléontologiques sur les dépôts jurassiques du bassin du Rhône.** Ire partie, Infralias. Paris, 1864. 1 vol. gr. in-8°. avec 30 pl. de fossiles. 20 fr.

—— IIe partie, Lias inférieur. Paris, 1867. 1 vol. gr. in-8 avec 50 pl. de fossiles. . . . . 30 fr.

DUPUIS (A.). Voir *Collection de volumes à 1 fr.*

DUPUY (D.). Histoire des mollusques terrestres et d'eau douce qui vivent en France. Paris, 1848-1851. 6 fascicules in-4° avec 36 pl. 60 fr.

—— **Mémoires d'un botaniste,** accompagnés de la Florule des stations du chemins de fer du Midi dans le Gers. Paris, 1868. 1 volume in-18, avec figures dans le texte. . . . . 3 fr. 50

DURAND (**de Lunel**), médecin principal de première classe. **Théorie électrique du froid, de la chaleur et de la lumière**, doctrine de l'unité des forces physiques, avec un avant-propos sur l'action physiologique de l'électricité. Paris, 1863. In-8 de 36 pages. . . . . 1 fr. 50

— **Traité dogmatique et pratique des fièvres intermittentes**, suivi d'une Notice sur le mode d'action des eaux de Vichy dans le traitement des affections consécutives à ces maladies. Paris, 1862. 1 vol. in-8. . . . . 6 fr. 50

— **Nouvelle théorie de l'action nerveuse** et des principaux phénomènes de la vie. Paris, 1863. 1 vol. in-8. . . . . 7 fr. 50

— **Des incidents du traitement thermo-minéral de Vichy**. Paris, 1864, in-8°. . . . . 1 fr. 50

DUVAL (**Émile**), directeur de l'établissement hydrothérapique de Chaillot. **De la chorée, sa définition; de ses différents traitements et spécialement de sa cure par l'hydrothérapie.** Paris, 1866. In-8 de 32 pages. . . . . 1 fr.

ÉBRARD. Hygiène des habitants de la campagne, cultivateurs, jardiniers, instituteurs, suivi d'un essai sur la salubrité publique dans les communes rurales. 1865. 1 vol. in-8. . . . . 2 fr.

— **Nouvelles études de mœurs**. Un aquarium dans ma chambre : grenouilles, crapauds, sangsues, salamandres. 1866. In-8. 1 fr. 25

— **Le livre des garde-malades et des mères de famille**. Instructions sur les soins à donner aux malades et aux enfants, 6e édition. Paris, 1867. 1 vol. in-18. . . . . 2 fr.

EXPLORATION SCIENTIFIQUE DE L'ALGÉRIE. Mollusques, par Deshayes; 25 livraisons grand in-4, formant 600 pages de texte et 149 pl. grav. et col. avec gr. luxe. (Tout ce qui a été publié : 400 fr.).. 200 fr.

— **Botanique, ou Flore d'Algérie**, par Cosson et Durieu de Maisonneuve. Paris, 1844-1867. 19 livraisons (tout ce qu'il y a de publié), avec 90 pl. grav. et col. avec soin. (285 fr.). . . . . 200 fr.

Séparément les livraisons 18 et 19 renfermant les pages 241 à 332 et Introduction I à CIV pages. Prix de chacune. . . . . 15 fr.

Zoologie, mammifères, reptiles, poissons, crustacés, insectes, etc., par H. Lucas. Paris, 1844-1854. 33 livraisons avec 125 pl. gravées et col. avec soin. (495 fr.). 300 fr.

— **Observations sur le magnétisme terrestre.** — Recherches de physique, sur la Méditerranée. Paris, 1846. 2 vol. grand in-4 avec planches. (66 fr.). . . . . 25 fr.

FAUCONNET. Du choléra asiatique comme conséquence d'un élément morbide de nature organisée. Étude déposée à l'Académie des sciences comme pièce de concours pour le prix Bréant, le 6 décembre 1865. Paris, 1866. 1 vol. in-8 de 64 pages. . . . . 2 fr.

— **Guérison du chancre, des bubons et de quelques syphilides.** Paris, 1867, in-8 de 38 pages. . . . . 75 c.

FÉE, professeur à la Faculté de médecine de Strasbourg. **Flore de Théocrite et des autres bucoliques grecs.** Paris, 1832. In-8. 2 fr.

FLORET (**P.**). **Documents chirurgicaux, principalement sur les maladies de l'utérus.** Paris, 1862. 1 vol. in-8, avec pl. . 4 fr.

FOURNET (**J.**), correspondant de l'Institut. **Géologie lyonnaise.** Paris, 1862. 1 très-fort vol. grand in-8 de 800 pages. (24). . . 15 fr.

FRESENIUS (**Remigius**), professeur de chimie à l'université de Wiesbaden. **Traité d'analyse chimique qualitative**, des opérations chimiques, des réactifs et de leur action sur les corps les plus répandus, essais au chalumeau, analyse des eaux potables, des eaux minérales, du sol, des engrais, etc. Recherches chimico-légales, analyse spectrale, traduit sur la 11e édition allemande, par Forthomme, agrégé, docteur ès sciences, professeur de physique et de chimie au lycée de Nancy. Paris, 1866. 1 vol. grand in-18 avec fig. dans le texte, et un spectre solaire colorié. . 6 fr.

— **Traité d'analyse quantitative.** Traité du dosage et de la séparation des corps simples et composés les plus usités en pharmacie, dans les arts et en agriculture, analyse par les liqueurs titrées, analyse des eaux minérales, des cendres végétales, des sols, des engrais, des minerais métalliques, des fontes, dosage des sucres, alcalimétrie, chlorométrie, etc., traduit sur la 5e édition allemande, par M. Forthomme, agrégé, docteur ès sciences, professeur de physique et de chimie au lycée de Nancy. Paris, 1867. 1 vol. grand in-18, avec 190 fig. dans le texte. . . . . . 12 fr.

FREY (H.), professeur à l'Université de Zurich. **Traité d'histologie et d'histochimie**, traduit de l'allemand sur la 2e édition, par Paul Spillmann annoté par M. Ranvier, préparateur au Collège de France et revu par l'auteur. Paris, 1868. 1 fort volume in-8, avec 530 gravures dans le texte. . . . . 15 fr.

— **Le microscope, manuel à l'usage des étudiants**, traduit de l'allemand sur la 2e édition, par Paul Spillmann. Paris, 1867. 1 vol. in-18, avec 62 figures dans le texte et une note sur l'emploi des objectifs à correction et à immersion. 4 fr.

FROMENTEL (E. de), membre de la Société géologique de France. **Introduction à l'étude des polypiers fossiles**, comprenant leur histoire, leur anatomie, leur mode de production et de reproduction, leurs habitudes extérieures, leur classification d'après la méthode dichotomique, la description des ordres, des familles, des genres et la description de toutes les espèces connues. Paris, 1858-61. 1 vol. in-8. . 5 fr.

Pour les autres publications de M. E. de Fromentel, voir nos Catal. d'Hist. nat.

GANOT (A.), **Traité élémentaire de physique** expérimentée et appliquée et de météorologie. Paris, 1868. 13e édit. 1 vol. in-18 avec 600 gr. dans le texte. . . . . 7 fr.

— **Cours de physique purement expérimentale**, à l'usage des gens du monde, des institutions de demoiselles. Paris, 1868. 3e édit 1 vol. in-18, avec 350 gravures dans le texte.. . . . . 5 fr. 50

GANTILLON (C. E.). **Traité complet sur la fabrication des étoffes de soie.** Paris, 1859. 1 vol. in-4 (10). . . . . 6 fr.

GAUDRY (Albert). **Animaux fossiles et géologie de l'Attique**, d'après les recherches faites en 1855-56 et en 1860 sous les auspices de l'Académie des sciences. Paris, 1862-68. 1 fort vol. in-4 de texte avec 75 planches de fossiles, cartes et coupes géologiques coloriées. 120 fr.

— **Des lumières que la géologie** peut jeter sur quelques points de l'histoire ancienne des Athéniens. Paris, 1867. In-8 de 32 pages. 1 fr. 50

— **Description géologique de l'île de Chypre**. Paris, 1862. 1 vol. in-4, avec carte géologique coloriée et 75 fig. dans le texte. 15 fr.

Pour les autres publications de M. Gaudry, voir nos Catalogues d'Histoire naturelle.

GIRARDON (D.). **Cours élémentaire de perspective linéaire**, à l'usage des écoles des beaux-arts, de dessin, des artistes, architectes, etc. Paris, 1859. 2 vol. in-8, avec un atlas de 28 pl. gravées. . . . . . 6 fr.

GONTIER DE CHABANNE. Le médecin, le chirurgien et le pharmacien à la maison, ou le meuble indispensable des familles, contenant : 1° instruction détaillée sur les récoltes des plantes médicinales usuelles ; 2° les meilleurs remèdes, les plus simples et les moins chers ; 3° la chirurgie populaire, ou instruction très-détaillée pour le pansement des maladies externes ; 4° la pharmacie des ménages ou manière de composer soi-même toute sorte de médicaments; 5° l'herboristerie des familles, indication des plantes médicinales et leur emploi pour chaque maladie. 4e édition. 1868. 1 vol. in-8°. . . . . 5 fr.

GRAS (**Scipion**), ingénieur en chef des mines. **Description géologique du département de Vaucluse**. Paris, 1862. 1 vol. in-8, avec coupes géologiques coloriées. . . . . 8 fr.

— **Carte géologique du département de Vaucluse**. 1 feuille coloriée. . . . . 7 fr.

Pour les autres publications de M. S. Gras, voir nos Catalogues d'Histoire nat.

GRENIER et GODRON doyen de la Faculté des sciences de Nancy. **Flore de France**, ou description des plantes qui croissent naturellement en France. Paris, 1848-1856. 3 vol. in-8 de 800 p. . . . . 30 fr.

On vend séparément :

Tome deuxième. { Ire partie. IIe partie. }
Tome troisième. { Ire partie. IIe partie. } Prix de chacune des parties. . . 5 francs.

Depuis l'époque, déjà éloignée, où de Candolle mit au jour sa *Flore française* et même depuis l'époque plus récente qui vit paraître la *Flora gallica* de M. Loiseleur-Deslongchamps et le *Botanicon gallicum* de M. Duby, la botanique descriptive a fait des progrès. Les botanistes allemands et italiens ont apporté plus de précision dans la description des végétaux et dans la manière de distinguer les différentes espèces les unes des autres; ils sont devenus pour nous des modèles à imiter.

D'un autre côté, un nombre assez notable des plantes nouvelles ont été trouvées en France depuis la publication des Flores françaises les moins anciennes et n'ont été indiquées que dans les Flores locales, les catalogues ou les écrits périodiques; il en est même qui gisent dans les herbiers sans avoir été signalées.

Une nouvelle Flore de France, disposée d'après la méthode naturelle, plus complète que les précédentes et mise au niveau des découvertes de la science moderne, était un besoin vivement senti. MM. Grenier et Godron, dont les travaux antérieurs sont une suffisante recommandation, ont entrepris de remplir cette tâche laborieuse; profitant amplement des travaux des botanistes allemands, italiens et français, aidés des conseils bienveillants d'hommes qui font autorité dans la science, entourés de matériaux considérables amassés depuis longues années et qui se sont accrus de tous ceux qui ont été mis généreusement à leur disposition, ils espèrent pouvoir offrir au public un livre utile, fruit de leurs travaux persévérants et consciencieux.

GRENIER, professeur à la Faculté des sciences de Besançon. **Flore jurassique.** Première partie. Dycotylées, Dialypétales. Paris, 1865, in-8 de 340 p. . . . . 5 fr.

Le Tome II, qui paraîtra dans le courant de cette année, terminera ce premier supplément à la Flore de France de MM. Grenier et Godron.

GRIMAUX (**Édouard**), professeur agrégé à la Faculté de médecine de Paris. **Équivalents, atomes, molécules.** Paris, 1866. 1 vol. in-8 de 110 pages.. . . . . 2 fr.

— **Du haschich** ou chanvre indien. Paris, 1866. In-8.. . . . 1 fr. 50

GROMIER (E), professeur à l'Ecole de médecine de Lyon. Examen critique des idées nouvelles de M. G. Ville sur les engrais chimiques. Paris, 1868. Grand in-8. . . . . 2 fr.

HÉBERT (**Paul**). **Théorie chimique de la formation des silex et des meulières.** Paris, 1864. In-8 de 16 p.. . . . . 1 fr.

HÉBERT (Edmond), professeur à la Faculté des sciences de Paris, et **DESLONGCHAMPS** (**E.**), professeur à la Faculté des sciences de Caen. **Mémoires sur les fossiles de Montreuil-Bellay** (Maine-et-Loire). Paris, 1860. 1 vol. in-8 avec 4 pl. de fossiles. . . . . 4 fr. 50

Pour les autres publications de MM. Hébert et E. Deslongchamps, voir nos Catalogues d'Histoire naturelle.

HIDALGO (J. Gonzalez). Catalogue des mollusques testacés marins, des côtes d'Espagne et des îles Baléares. Paris, 1867. 1 vol. in-8, avec pl. col. . . . . 5 fr.

INSTRUMENTS D'AGRICULTURE (Les) à l'Exposition universelle de Londres. 1 vol. in-18. . . . . 55 c.

JANDEL (Aug.). La botanique sans maître ou étude des fleurs et des plantes champêtres de l'intérieur de la France, de leurs propriétés et de leurs usages en médecine, dans les arts et dans l'économie domestique, par la méthode Dubois. 2e édition. Paris, 1868. 1 vol. in-18. . . . . 3 fr

JANTET (Charles et Hector), docteurs en médecine. **De la vie** et de son interprétation dans les différents âges de l'humanité. Paris, 1860. 1 vol. in-8.. . . . . 5 fr.

—— **Doctrine médicale matérialiste.** Paris, 1866. 1 vol. in-8. 6 fr.

JAUBERT et BARTHÉLEMY-LAPOMMERAYE, directeur du muséum d'histoire naturelle de Marseille. **Richesses ornithologiques du Midi de la France,** ou description méthodique de tous les oiseaux observés en Provence et dans les départements circonvoisins. Marseille, 1862. 1 vol. in-4, avec 20 pl. col. . . . . 40 fr.

JORDAN (Alexis). Diagnoses d'espèces nouvelles et méconnues pour servir de matériaux à une flore réformée de la France et des contrées voisines. Tome I, Ire partie. Paris, 1864. Gr. in-8 de 356 p. 9 fr. 50

—— **et FOURREAU (Julio). Breviarium plantarum novarum** sive specierum in horti plerumque cultura recognitarum descriptio contracta, ulterius amplianda. Fasciculus I. Parisiis, 1866. In-8 de 60 p. 3 fr.

—— **Icones ad floram Europæ**, novo fundamento instaurandam, spectantes.

Cet ouvrage se publie par fascicules in-folio de 5 pl. gravées et coloriées avec soin et texte. Il comprendra environ 1,000 pl. Depuis le mois de novembre 1866, il paraît deux fascicules par mois. Prix de chacun. . . . . 9 fr.
En vente les fascicules I à XXX.

JOULIN (D.), professeur agrégé à la Faculté de médecine de Paris. **Traité complet théorique et pratique des accouchements.** Paris, 1867. 1 fort volume grand in-8, de 1,200 pages avec 150 figures dans le texte. . . . . 16 fr.

Ouvrage adopté par le Ministère de la guerre pour l'enseignement de l'Ecole de santé militaire de Strasbourg, de la Faculté de médecine de Constantinople, etc.

—— **Des cas de dystocie appartenant au fœtus.** Paris, 1863. in-8. . . . . 3 fr.

—— **Du forceps et de la version dans les cas de rétrécissement du bassin.** Paris, 1865. 1 vol. in-8.. . . . . 2 fr. 50

Prix Capuron. Mémoire couronné par l'Académie de médecine.

KLEINHANS (R.). Album des mousses des environs de Paris, publié en 30 livraisons. Paris, 1863-1868. In-folio de 30 planches, avec texte explicatif. Prix de chacune. . . . . 75 c.

En vente les livraisons I à XX (Phascacées, Weisiacées, Dicranacées, Leucobryacées, Fissidentacées, Séligériacées, Pottiacées, Bryacées, Polytrichacées).

KOLTZ (J. P. J.), agent des eaux et forêts. **Traitement du chêne** en taillis à écorces. 1859. 1 vol. in-18, avec 30 gravures. . . . . . 75 c.

LADREY. Art de faire le vin. 2e édition. Paris, 1865. 1 vol. in-18. 3 fr.

SOMMAIRE DES CHAPITRES DE LA TABLE DES MATIÈRES

Caractères généraux de la fermentation : I. Fermentation alcoolique. — II. Fermentation du moût de raisin. — III. Etude des substances produites pendant la fermentation. — IV. Préparation du vin, division et classification des opérations. — V. Vendange, récolte et triage du raisin. — VI. Foulage et égrappage. — VII. Disposition des cuves pendant la fermentation. — VIII. Hygiène des cuveries. — IX. Etat actuel de la chimie du vin.

— X. Durée de la fermentation, décuvage, pressurage. — XI. Mise en tonneau, remplissage. — XII. Soutirage. — XIII. Collage. — XIV. Soufrage. — XV. Mise en bouteilles. — XVI. Vinification. — XVII. Modifications apportées à la marche de la vinification dans certaines circonstances.

LADREY. Les établissements industriels et l'hygiène publique. Paris, 1867. 1 vol. in-8. . . . . 2 fr. 50

LAGASCA (M.). Genera et species plantarum, quæ aut novæ sunt, aut nondum recte cognoscuntur. Matriti, 1816. In-4 de 35 p. et 2 pl. . . 1 fr.

LAMBERT (Ed.), membre de la Société géologique de France. Voir *Nouveaux éléments d'histoire naturelle.*

LAMBERT (E.). Le déluge mosaïque, l'histoire de la géologie. Paris, 1868. In-8 de 140 pages. . . . . 2 fr. 50

— **Nouveau guide du géologue voyageur aux environs de Paris,** dans les Ardennes, la Bourgogne, la Provence, le Languedoc, les Pyrénées, les Alpes, l'Auvergne, les Vosges, au bord de la Manche, de l'Océan et de la Méditerranée, en Belgique, en Suisse, en Italie, en Espagne, en Allemagne. Paris, 1868. 1 vol. in-18 avec figures et coupes géologiques coloriées. (*Sous presse.*)

LANGLEBERT (Edmond), docteur en médecine de la Faculté de Paris. **Traité théorique et pratique des maladies vénériennes,** ou Leçons cliniques sur les affections blennorrhagiques, le chancre et la syphilis, recueillies par M. Évariste Michel, revues et publiées par le professeur. Paris, 1864. 1 vol. in-8 de 700 pages, avec une bibliographie complète des ouvrages publiés jusqu'à ce jour sur la syphilis. . . . 8 fr.

Les discussions doctrinales n'ont point fait oublier à l'auteur que la médecine est avant tout l'art de guérir. *Primo sanare, deinde philosophari;* aussi M. Langlebert a apporté le plus grand soin à l'étude du diagnostic et du traitement et il a fait tous ses efforts pour que son livre offrît aux jeunes médecins non-seulement le tableau fidèle de l'état actuel de la science, mais encore un guide qui leur aplanit les difficultés de la pratique. La blennorrhagie et toutes ses complications chez l'homme et chez la femme, le chancre, les accidents secondaires et tertiaires de la syphilis constitutionnelle, la syphilis infantile, les questions d'hygiène sociale et de médecine légale qui s'y rattachent, y sont séparément décrits et exposés avec soin.

LAUJOULET, professeur d'arboriculture. **Taille et culture des arbres fruitiers.** Paris, 1865. 1 vol. in-18 avec pl. . . . . . . 4 fr.

Ce livre a été accueilli avec la plus grande faveur par les principaux organes de la presse parisienne. (*Moniteur universel*, avril 1865.— *Presse*,— *Patrie*,—*Journal de la ferme*, etc.)

— **Taille et culture de la vigne.** Conduite perfectionnée du vignoble et de la treille, à l'usage des écoles normales primaires, des écoles communales, des instituteurs, propriétaires et vignerons. Paris, 1866. 1 vol. in-18 avec figures dans le texte. . . . . 2 fr. 50

LEE (Henry), professeur de pathologie chirurgicale à l'hôpital Saint-Georges, membre honoraire du collége du Roi, à Londres. **Leçons sur la syphilis.** De l'inoculation syphilitique et de ses rapports avec la vaccination; leçons professées à l'hôpital Saint-Georges, traduites de l'anglais par le docteur Edmond Baudot, interne lauréat des hôpitaux de Paris. Paris, 1863. In-8 de 120 pages. . . . . 2 fr. 50

LEFÈVRE, naturaliste. **De la chasse et de la préparation des papillons.** Paris, 1863. In-8 avec pl. . . . . 1 fr. 25

LEGRAND DU SAULLE, médecin de l'hospice de Bicêtre, etc. **La folie devant les tribunaux.** Paris, 1864. 1 vol. in-8 de 600 pages. 8 fr.

Ouvrage couronné par l'Institut de France.

— **Étude médico-légale sur la séparation de corps.** Leçons professées à l'Ecole pratique en février 1866. In-8 de 34 pages. 1 fr. 25

— **Étude médico-légale sur la paralysie générale** (folie paralytique), leçons professées à l'École pratique en 1866. In-8 de 32 p. 1 fr. 25

LEGRAND DU SAULLE. Étude médico-légale sur les assurances sur la vie. Leçons professées à l'Ecole pratique. Paris, 1867. In-8 de 48 pages. . . . . 1 fr. 50

—— **et ORTOLAN,** professeur à la Faculté de droit de Paris. **Manuel pratique de médecine légale,** suivi d'un précis de chimie légale, par A. Naquet. Paris, 1868. 1 fort vol. in-18. (*Sous presse.*)

LEMAIRE, docteur en médecine. **De la chasse et de la préparation des oiseaux.** Paris, 1863. In-8 avec pl. . . . . 1 fr. 25

Voir Florent Prévost.

LE ROUX, professeur de géométrie à l'École du Conservatoire des arts et métiers. **Cours de géométrie élémentaire** (Géométrie plane et géométrie dans l'espace). Paris, 1864. 1 v. in-18 de 500 pages avec 500 gr. dans le texte. . . . . 6 fr.

Séparément le tome II, comprenant la Géométrie de l'espace. . . . . 2 fr.

La première partie comprend la *Géométrie plane;* elle est divisée en cinq livres. Les quatre premiers contiennent la matière des quatre premiers livres de Legendre, le cinquième est consacré aux courbes usuelles, *ellipse*, *parabole*, *hyperbole*, étudiées géométriquement dans leurs propriétés fondamentales.

La seconde partie, ou *Géométrie dans l'espace,* est divisée en quatre livres.

Le premier traite du plan et de la ligne droite. — Dans la rédaction de ce livre on a eu surtout en vue les applications à la géométrie descriptive.

Le deuxième livre de la *Géométrie de l'espace* traite de la mesure de solides terminés par des surfaces planes.

Le troisième est consacré à l'étude des propriétés de la surface sphérique.

Enfin, le quatrième et dernier livre traite de la mesure des surfaces et des volumes, du Cylindre, du Cône et de la Sphère.

Dans tout le cours de l'ouvrage, les matières qui sont du ressort des classes supérieures sont en petit caractère.

LEROY (Camille). Considérations sur les affections fébriles. ou maladies aiguës. Paris, 1846. 1 vol. in-8. . . . . 2 fr,

LOISEAU (de Montmartre), médecin du Bureau de bienfaisance du XVIIIe arrondissement. **Traitement préventif du croup par le tannage.** Paris, 1862. In-8. . . . . 75 c.

LORIOL (P. DE) et PELLAT (E.), membres de la Société géologique de France. **Monographie paléontologique et géologique de l'étage portlandien des environs de Boulogne-sur-Mer.** 1 vol. in-4, avec 10 pl. de fossiles. . . . . 20 fr.

—— **et COTTEAU (G.) Monographie paléontologique et géologique de l'étage portlandien du département de l'Yonne.** Paris, 1868. 1 vol. in-4 avec 15 pl. de fossiles.. . . . . 22 fr. 50

LUCAS (H.), aide-naturaliste au Muséum d'histoire naturelle, chevalier de la Légion d'honneur. **Histoire naturelle des lépidoptères d'Europe,** suivie des instructions sur la chasse, la préparation, la conservation des papillons, et sur la manière de choisir et d'élever les chenilles. 2e édition revue et mise au courant de la science. Paris, 1864. 1 beau vol. grand in-8, cartonné en toile anglaise, non rogné, avec 80 planches coloriées représentant plus de 400 sujets. . . . . 25 fr.

— Le même ouvrage, demi-rel. chagrin, non rogné.. . . . . . . 30 fr.

Dans cette 2e édition, la classification ayant été mise au courant de la science, nous avons changé la lettre et les légendes de toutes les planches pour les mettre en harmonie avec le texte réimprimé et augmenté.

—— **Histoire naturelle des lépidoptères exotiques.** Paris, 1864. 1 beau vol. gr. in-8, cartonné en toile anglaise, non rogné, avec 80 pl. coloriées, représentant près de 400 sujets. . . . . 25 fr.

—— Le même ouvrage, demi-rel. chagrin, non rogné. . . . . 30 fr.

Voir Prévost (Florent).

LUCAS (H.). Des papillons. Vade mecum du lépidoptérologiste, contenant l'histoire naturelle des insectes qui composent l'ordre des lépidoptères, leurs mœurs, la manière d'en faire la chasse, de les élever et de les conserver dans les collections. Paris, 1838. In-8 de 182 pages avec 5 planches gravées et coloriées. . . . . 2 fr. 50

LUCAS (Louis), auteur de la *Chimie nouvelle*, etc. **La médecine nouvelle**, basée sur des principes de physique et de chimie transcendantales, comprenant les principes de médecine, la physiologie (système nerveux, circulation et respiration), la pathologie. Paris, 1862-1863. 2 vol. in-18 formant ensemble 650 pages. . . . . 8 fr.

MAISONNEUVE (J. G.), chirurgien de l'Hôtel-Dieu de Paris. **Clinique chirurgicale**. Paris, 1863-1864. 2 volumes grand in-8, formant ensemble 1500 pages, avec figures dans le texte. . . . .

Le tome second, contenant les affections cancéreuses, la ligature extemporanée, les tumeurs de la langue, les maladies de l'ovaire, les hernies, etc., se vend séparément.. . . . . 12 fr.

—— **Leçons cliniques sur les affections cancéreuses**, professées à l'hôpital Cochin, recueillies et publiées par le docteur Alexis Favrot.

Ire partie, comprenant les affections cancéreuses en général. In-8 avec planches lithographiées. Paris, 1852. In-8.. . . . . 2 fr. 50

IIe partie, compren. les affections cancéreuses du sein. 1854. In-8. 2 fr. 50

—— **Le périoste et ses maladies.** Paris, 1839. In-8. . . . 2 fr. 50

—— **Mémoire sur la désarticulation totale de la mâchoire inférieure**. Paris, 1859. In-4, avec planches noires. . . . . . . 6 fr.
Avec planches coloriées. . . . . 12 fr.

—— **De la ligature extemporanée** et de sa supériorité sur l'instrument tranchant pour l'extirpation de toutes les tumeurs pédiculées ou pédiculables, avec description des instruments nouveaux destinés à son exécution. 1860. 1 vol. in-4 avec planches. . . . . 6 fr.

MANGIN (Arthur), rédacteur du *Journal des économistes*. **De la liberté de la pharmacie.** Paris, 1864. In-8 de 48 p. . . . . 1 fr.

MANUEL de santé, nouveau traité de médecine usuelle, contenant : Notions de médecine nécessaires à tout le monde, Manuel d'hygiène pour les familles et les maisons d'éducation, Chirurgie des accidents, Art de l'oculiste, Art du dentiste, Art du pédicure, Pharmacie domestique, Recettes pharmaceutiques. Paris, 1853. 1 vol. in-18,. . . . . 2 fr.

MARÈS (H.). Manuel pour le soufrage des vignes malades. Emploi du soufre, ses effets. 3e édition, avec figures, augmentée d'un chapitre sur les soufres. Montpellier, 1857. In-18. . . . . 1 fr.

MARTIN (Jules), membre de la Société géologique de France. **Paléontologie stratigraphique de l'infralias de la Côte-d'Or.** Paris, 1860. 1 volume in-4 avec 8 planches. . . . . 8 fr.

MASSE (J. N.), docteur en médecine, professeur d'anatomie. **Petit atlas complet d'anatomie descriptive du corps humain.** *Ouvrage adopté par le conseil impérial de l'instruction publique.* Nouvelle édition augmentée des tableaux synoptiques d'anatomie descriptive. Paris, 1867. 1 vol in-18 relié, de 113 planches gravées en taille-douce, avec texte en regard. . . . . 20 fr.

—— Le même ouvrage avec les planches coloriées. . . . . 36 fr.

Plus de quarante mille exemplaires vendus depuis son apparition; des traductions dans toutes les langues attestent suffisamment l'accueil qui a été fait à cette utile publication. L'Atlas d'anatomie de Masse est devenu le *vade-mecum* de l'amphithéâtre

Le petit atlas complet d'anatomie descriptive du corps humain du docteur Masse, se vend séparément ainsi :

	PLANCHES.	FIG. COLORIÉES.	FIG. NOIRES.
1° Ostéologie et syndesmologie.	20	7 fr.	4 fr.
2° Myologie et aponévrologie.	22	7 fr.	4 fr.
3° Splanchnologie..	16	5 fr.	3 fr.
4° Angéiologie.	28	9 fr.	5 fr.
5° Névrologies.	27	9 fr.	5 fr.
6° Tableaux synoptiques d'anatomie descriptive.		2 fr.	2 fr.
	113	39 fr.	23 fr.

Chaque partie est accompagnée d'un texte explicatif du même format que les planches.

MASSE. (J. N.) Anatomie synoptique ou résumé complet d'anatomie descriptive du corps humain. Paris, 1867. 1 vol. in-18 de 116 pages. 2 fr.

Ces tableaux synoptiques sont extraits de la nouvelle édition du Petit Atlas d'Anatomie descriptive. On a fort approuvé l'idée qui a présidé à ce travail qui, sous une forme concise, est très-utile pour revoir rapidement les articulations, les insertions musculaires l'angéiologie, la névrologie.

MAURIAC, médecin des hôpitaux. (*Voir* West.)

MAURIN (A.). Étude historique et clinique sur les eaux minérales de Néris. Paris, 1858. 1 vol. in-18. (3 fr. 50). . . . . 50 c.

MAYGRIER (A). Les remèdes contre la rage, aperçu critique, historique et bibliographique depuis le seizième siècle jusqu'à nos jours. Paris, 1866. In-8 de 16 pages. . . . . 50 c.

MEUGY (A.). Ingénieur en chef des mines. **Leçons élémentaires de géologie appliquée à l'agriculture.** Paris, 1868. 1 v. in-8 4 fr. 50

MICHELIN (Hardouin), membre de la Société géologique de France. **Monographie des clypéastres fossiles.** Paris, 1861. 1 vol. in-4, avec 28 planches. . . . . 13 fr

MILLET (Auguste), professeur à l'École de médecine de Tours, médecin de la colonie pénitentiaire de Mettray, lauréat de l'Académie impériale de médecine (grand prix de 1852). **Traité complet de la diphthérie.** Paris, 1863. 1 vol. in-8.. . . . . 6 fr.

— **De la diphthérie du pharynx.** Paris, 1862. In-8.. . 2 fr. 25

Mémoire couronné (médaille d'or) par la Société centrale de médecine du département du Nord.

— **De l'emploi thérapeutique des préparations arsenicales.** 2e édition entièrement refondue. Paris, 1865. 1 vol. in-8. . 4 fr.

Mémoire couronné par la Société centrale de médecine du département du Nord.

— **De l'emploi des préparations ferrugineuses dans le traitement de la phthisie pulmonaire.** Paris, 1866. 1 vol. in-8. 1 fr. 50

MILLIÈRE (P.), membre de la Société entomologique de France. **Iconographie et description de chenilles** et lépidoptères inédits. Paris, 1859-1868. Cet ouvrage se publie par livraisons de texte grand in-8, avec planches gravées et coloriées avec une perfection extrême. Il a paru, au 30 juin 1868, 20 livraisons formant 1000 pages de texte et 92 planches.. . . . . 115 fr.

Le prix de la livraison est fixé à raison de 1 fr. 25 la planche.

MOREAU (F.), docteur en médecine de la Faculté de Paris. **De la liqueur d'absinthe** et de ses effets. Paris, 1863. Brochure in-8. 1 fr.

MORIN (**Ed.**), pharmacien en chef de l'hôpital de Lourcine. **Lois générales de la chaleur rayonnante.** Paris, 1863. In-8 de 81 pages. . 1 fr. 50

MOUCHON (**Em.**). **Essai pratique sur les sirops alcooliques.** Paris, 1860. 1 vol. in-8. . . . . 3 fr. 50

MULSANT (**E.**). Professeur d'histoire naturelle au lycée impérial de Lyon.

— **Histoire naturelle des coléoptères de France.**

— **Lamellicornes.** Paris, 1842. 1 vol. in-8. . . . 17 fr. »
— **Palpicornes.** Paris, 1844. 1 vol. in-8. . . . . . 5 »
— **Sulcicolles.—Sécuripales.** Paris, 1846. 1 v. in-8. 10 »
— **Latigènes.** Paris, 1854. 1 vol. in-8. . . . . . . 10 »
— **Pectinipèdes.** Paris, 1855. 1 vol. in-8. . . . . 3 »
— **Barbipales.— Longipèdes.— Latipennes.** Paris, 1856. 1 vol. in-8. . . . . 10 »
— **Vésicants.** Paris, 1857. 1 vol in-8. . . . . . 6 »
— **Angustipennes.** Paris, 1858. 1 vol. in-8. . . . 4 50
— **Rostrifères.** Paris, 1859. 1 vol. in-8. . . . . . 1 75
— **Altisides,** par C. Foudras. Paris, 1859-60, 1 v. in-8. 10 »
— **Mollipennes.** Paris, 1862. 1 vol. in-8. . . . . . 12 50
— **Longicornes.** Paris. 1863. 1 vol. in-8.. . . . . 15 »
— **Angusticoles - Diversipalpes.** Paris, 1863. 1 vol. in-8. . . . . 5 50
— **Térédiles.** Paris, 1864. 1 vol. in-8 avec 10 pl. . 14 »
— **Fossipèdes-Brévicolles.** Paris, 1865. 1 vol. in-8 avec 6 pl. 5 50
— **Colligères.** Paris, 1866. 1 vol. in-8. . . . . . 6 50
— **Vésiculifères.** Paris, 1867. 1 vol. in-8 avec 7 pl. 11 »
— **Scuticolles.** Paris, 1867. 1 vol. in-8 avec 2 pl. 6 »

— **Monographie des Coccinellides.** Première partie : **Coccinelliens.** Paris, 1866. 1 vol grand in-8 de 300 pages. . . . . 8 fr.

— **Histoire naturelle des punaises de France.** Premier volume. **Scutellérides.** Paris, 1865. 1 vol. grand in-8. . . . . 4 fr. Deuxième volume: **Pentatomides.** Paris, 1866. 1 vol. grand in-8 de 372 pages . . . . 11 fr.

— **et VERREAUX** (**J. E.**). **Essai d'une classification méthodique des trochilidées ou oiseaux-mouches.** Paris, 1867. 1 vol. in-8. . . . . 2 fr. 50

NAQUET (**J. A.**), professeur agrégé à la Faculté de médecine de Paris. **Principes de chimie** fondée sur les théories modernes. 2e édition, revue et considérablement augmentée. Paris, 1867. 2 vol. in-18. de 1,100 p. avec fig. dans le texte. . . . . 10 fr.

Une première édition épuisée en dix-huit mois; des traductions en anglais, en allemand témoignent de l'opportunité du livre de M. Naquet et de la faveur avec laquelle il a été accueilli.

— **Des sucres.** Paris, 1863. 1 vol. in-8. . . . . 1 fr. 50

— **De l'allotropie et de l'isomérie.** Paris, 1860. Gr. in-8. 2 fr. 50

— **De l'atomicité.** Paris, 1868. Brochure grand in-8. . . . . . 1 fr.

— **et DUBRISAY,** ancien interne des hôpitaux de Paris. **Manuel de thérapeutique et de matière médicale.** Paris, 1869. 1 volume in-18 de 700 pages. (*Sous presse*).

— **Manuel de toxicologie.** Paris, 1869. 1 v. in-18 de 300 p. (*Sous presse.*)

NAQUET, LEGRAND DU SAULLE et ORTOLAN. Manuel de médecine légale. (*Voir* LEGRAND DU SAULLE.) *Sous presse.*

NOUVEAUX ÉLÉMENTS D'HISTOIRE NATURELLE, à l'usage des lycées, des candidats au baccalauréat ès sciences, etc., par M. E. LAMBERT. 3 vol. in-18 avec 440 gr. dans le texte. . . . . . 7 fr. 50

— **Géologie.** 2e édition. Paris, 1867. 1 v. in-18 de 240 p. avec 142 grav. dans le texte.

— **Botanique.** Paris, 1864. 1 vol. in-18 avec 202 gravures dans le texte.

— **Zoologie.** Paris, 1865. 1 vol. in-8 avec 100 gravures dans le texte.

Chaque volume se vend séparément.. . . . . 2 fr. 50

Ces Nouveaux Éléments d'histoire naturelle ont été rédigés dans le but d'offrir aux jeunes gens un cours clair et méthodique, pouvant leur servir de préparation immédiate aux examens du baccalauréat ès sciences et aux écoles du gouvernement.

Plus de six cents figures enrichissent ces trois volumes, qui sont imprimés sur beau papier; c'est assez dire que nous n'avons rien négligé pour que l'exécution matérielle soit irréprochable.

Nous avons fait précéder chacun des trois volumes de l'histoire abrégée de la science qu'il traite. N'est-il pas naturel, en effet, en étudiant une science, de chercher à connaître son origine, ses progrès ou le développement de l'esprit humain? Nous pensons que l'on nous saura gré de cette innovation.

ODEPH (A.). Traité complet de la culture de l'opium indigène, précédé de la possibilité pratique de l'obtenir en France, suivi de la fabrication de l'huile d'œillettes. 1865. In-18. . . . . 2 fr

OMALIUS D'HALLOY, membre de la Société géologique de France. **Abrégé de géologie.** 8e édition. Paris 1869. 1 vol. in-18 avec figures dans le texte.. . . . . 10 fr.

ORTOLAN, professeur de droit criminel à la Faculté de droit de Paris. **Manuel de médecine légale.** (*Voir* LEGRAND DU SAULLE.)

PAJOT, professeur à la Faculté de médecine de Paris. **Traité complet des maladies puerpérales** et en général de toutes les affections des femmes accouchées. Paris, 1869. 1 vol. gr. in-8.

PARLATORE (Ph.). Plantæ novæ vel minus notæ opusculis diversis olim descriptæ. Parisiis, 1842. In-8 de 87 p. . . . 50 c.

PARVILLE (Henri de). Découvertes et inventions modernes. Poudre à tirer. — Pyrotechnie. — Machines à vapeur. — Bateaux à vapeur. — Chemins de fer. — Télégraphie électrique. Paris, 1866. 1 vol. in-18 avec 160 gravures dans le texte.. . . . . 1 fr. 50

— **Causeries scientifiques,** découvertes et inventions, progrès de la Science et de l'Industrie. **Première année,** 1861. 1 vol. in-18 avec 22 gravures dans le texte. (3 fr. 50). . . . . 1 fr. 50

Télégraphie transatlantique. — Les eaux de Paris. — Construction du nouvel Opéra. — Eclairage et ventilation des théâtres. — Moteur Lenoir. — Gaz Chandor. — Concile de juin 1861. — Fabrication industrielle de la glace. — Câble sous-marin de la Méditerranée. — Recherches de M. Fremy sur l'acier. — Puits artésien de Passy. — Canot inchavirable de M. Mouë. — Analyse spectrale. — Travaux de MM. Bunsen et Kirchhoff. — Construction du pont de Kehl. — Chauffage des wagons, etc., etc.

— **Deuxième année,** 1862. 1 vol. in-18 avec 30 gravures et un spectre solaire colorié.

Ce volume ne se vend qu'avec la collection des six années des Causeries *qui reprennent alors leur ancien prix de* 3 *fr.* 50, *soit pour les* 6 *années* 21 *fr.*

Structure de la terre. — Photographie microscopique. — Vaisseaux cuirassés. — La lune rousse. — Chemin de fer hydraulique glissant. — Nœud vital. — Exposition de Londres. — Analyse spectrale. — Le stéréoscope. — Dernières études de M. Fremy. — Les aciers français. — Le mal de mer. — Tunnel des Alpes. — Vitesse de la lumière. — Les comètes de 1862. — Pierres précieuses artificielles, etc., etc.

—— **Troisième année**, 1863. 1 vol. in-18 jésus, avec 38 grav. 1 fr. 50

Alimentation publique. — Physique attrayante. — Les spectres. — Fantasmagorie. — L'homme fossile. — Transmission électrique des sons. — Les comètes de 1863. — Photo-sculpture. — Pantélégraphe Caselli. — Agrandissements photographiques. — Succédanés du coton. — L'aérothérapie. — Piqûres de mouche. — Direction des ballons. — Aéro-nef. — Ballons chemins de fer. — Nouveaux procédés de gravure Dulos. — Eclairage. — Les huiles de pétrole. — Production artificielle des perles fines. — Au bord de la mer. — Marées. — Mascaret. — Prédiction du temps, etc., etc.

—— **Quatrième année**, 1864. 1 vol. in-18 jésus avec 34 grav. 1 fr. 50

Science et poésie. — Histoire d'une goutte d'eau. — Transfusion du sang. — La dialyse à propos du procès La Pommerais. — Mouches à feu. — Chemin de fer laminoir. — Trains de plaisir aériens. — La vérité sur l'aviation et le plus lourd que l'air. — Association scientifique. — Bateau plongeur. — L'électricité chirurgien. — La grippe. — Lecture des nerfs. — Transformation de l'homme. — Machine à faire les cartes de visite. — Sommeil léthargique. — Inhalation de l'oxygène. — Serre-frein électrique Achard. — Virus vaccin. — Discussion sur les générations spontanées. — Enseignement libre. — Physiologie végétale. — Conférences de la Sorbonne. — Locomotive électro-magnétique. — Montage hydraulique des matériaux de construction. — Les eaux de Marly et de Versailles, etc.

—— **Cinquième année**, 1865. 1 vol. in-18 jésus avec 22 grav. 1 fr. 50

Dans le soleil. — Les merveilles du monde végétal. — La lumière au magnésium. — Poissons Tyndall. — Le rhume de cerveau. — Nouvelle machine électrique de Holz. — — L'absinthe. — Le choléra en 1865. — Discussions académiques. — Bateaux. — Chars. — Chemins de fer du mont Cenis. — Le nitro-glycérine. — Poudre à canon explosive ou inexplosive à volonté. — Pluralité des mondes. — A travers l'espace. — Le gaz aux pommes. — Les mines d'or et d'argent de la Californie. — Conservation des vins. — Plongeur Rouquayrol. — Maladie des vers à soie. — Bouées électriques. — Photographies vitrifiées. — Les bains. — Assainissement de l'air. — Ovariotomie. — Hygiène, etc., etc.

—— **Sixième année**, 1866. 1 vol. in-18 jésus avec 47 grav. 1 fr. 50

Le câble transatlantique. — L'éruption de Santorin. — Les fusils à aiguille. — Les trichines. — Le palais de l'Exposition universelle. — Les étoiles périodiques. — Conférences sous le patronage de l'Impératrice. — Tremblement de terre. — La gaieté en bouteilles. — Rupture des essieux de chemins de fer. — Pluie d'étoiles filantes. — Sur le ballast. — L'invasion des sauterelles. — Un nouveau monde. — La pieuvre. — Curiosités de l'année. — Nivellement sans instruments. — Plus d'aveugles. — Les nouveau-nés. — Antiseptique végétal. — Maladie des vers à soie. — Les phares électriques. — Nouvelles substances explosibles, etc., etc.

PASSOT (Ph.), docteur en médecine. **Études et observations obstétricales.** 1 vol. in-8. . . . . 2 fr.

—— **Leçons d'un instituteur.**

Voir *Collection de volumes à 1 franc.*

PAYER (J.-B.), membre de l'Institut. **Botanique cryptogamique,** ou histoire naturelle des familles de plantes inférieures. 2e édition revue et augmentée de notes par Baillon, professeur de botanique à la Faculté de médecine de Paris. Paris, 1868. 1 vol. gr. in-8, avec 1110 figures dans le texte. . . . . 15 fr.

Des annotations rendues nécessaires par les progrès de la science ; plusieurs renvois à des genres nouveaux dont l'importance est incontestable, quelques appréciations et corrections écrites en marge d'un exemplaire par le savant cryptogamiste Montagne, et l'indication à la fin de chaque famille des principaux travaux dont elle a été l'objet dans ces derniers temps, une table alphabétique des genres : telles sont les additions faites au texte primitif.

PEERS (Baron E.). De la culture perfectionnée du froment, traduit de l'anglais sur la 14e édition. 1856. 1 vol. in-18. . . . . 40 c.

PERREYMOND. Plantes phanérogames qui croissent aux environs de Fréjus, avec leur habitat et l'époque de leur floraison. Paris, 1833. In-8 de 92 pages. . . . . 1 fr.

PERROUD, médecin de l'Hôtel-Dieu de Lyon. **De la tuberculose, ou de la phthisie pulmonaire** et des autres maladies dites scrofuleuses et tuberculeuses, étudiées spécialement sous le double point de vue de la nature et de la prophylaxie. Paris, 1861. 1 vol. in-8. . . . 5 fr.

Ouvrage couronné par la Société de médecine de Bordeaux.

PERROUD. De l'état charbonneux du poumon à propos de quelques faits graves d'anthracosis. Saint-Etienne, 1862. In-8 . . 75 c.

— **Influence des pyrexies sur les principaux phénomènes de la menstruation.** In-8 de 30 p. . . . . 75 c.

— **Note sur l'albuminurie.** In-8. . . . . 75 c.

PEYRON. Le parfait maitre de chais, ou Guide complet à l'usage des propriétaires de caves, des commerçants de liquides et de toutes les personnes qui ont des vins et eaux-de-vie à soigner et à manipuler, donnant sans aucun calcul le titre réel des alcools contenus dans chaque qualité de vin, orné de 10 grandes planches contenant ensemble 28 fig., représentant les alcoolomètres Gay-Lussac, Baumé, Cartier, Gilbert, le thermomètre Gay-Lussac, de Réaumur et de Fahreinheit, l'alambic Salleron, les 6 couleurs types des eaux-de-vie, l'appareil à filtrer les eaux-de-vie et les esprits, 1863. 1 vol. in-8°. . . . . 5 fr.

PHILIPEAUX (R.). Lauréat de l'Académie des sciences, de l'Académie de médecine, correspondant de la Société impériale de chirurgie, etc. **Traité de thérapeutique de la coxalgie**, suivi de la description de **l'appareil inamovible**, pour le traitement des coxalgies, par le Pr Verneuil. Paris, 1867. 1 vol. in-8 avec figures intercalées dans le texte. . . . . 8 fr.

PICTET (F. J.). Matériaux pour la paléontologie suisse. Genève, 1854-1862. 1re série, 4 parties publiées en 11 livraisons, avec 64 planches lithographiées, in-4 relié en toile. . . . . 95 fr.

On vend séparément.

— **Description du terrain aptien de la Perte du Rhône,** etc. Genève, 1854-1858, in-4, avec 23 planches. . . . . 40 fr.

— **Mémoires sur les animaux vertébrés trouvés dans le terrain sidérolithique du canton de Vaud,** par Pictet, C. Gaudin et Ph. de la Harpe. Genève, 1857. In-4, avec 13 planches. . . . . 26 fr.

— **Monographie des Chéloniens de la Molasse suisse,** par Pictet et A. Humbert. Genève, 1856. In-4, avec 22 planches. . . . 30 fr.

— **Description d'une Emyde nouvelle** (*Emis Etalloni*) **du terrain jurassique supérieur de Saint-Claude** par Pictet et Humbert. Genève, 1857, avec 3 planches. . . . . 5 fr.

2e série, 2 parties publiées en 12 livraisons formant 2 vol. in-4, avec 55 planches, 4 coupes géologiques et atlas de 7 planches in-fol. 125 fr.

On vend séparément.

— **Description des fossiles du terrain crétacé de Sainte-Croix,** par F. J. Pictet et Campiche, 1re partie, in-4, avec 45 planches et 2 coupes. . . . . 80 fr.

— **Description des fossiles contenus dans le terrain néocomien des Voirons,** par Pictet et P. de Loriol, in-4, avec 2 coupes. 12 planches et atlas de 7 pl. in-folio. . . . . 50 fr.

3e série, 2 parties publiées en 16 livraisons. . . . . 130 fr.

On vend séparément.

— **Description des reptiles et poissons fossiles de l'étage virgulien du Jura Neuchatelois,** par MM. Pictet et Jaccard, avec 20 planches. . . . . 26 fr.

— **Description des fossiles du terrain crétacé de Sainte-Croix,** par F. J. Pictet et G. Campiche, 2e partie, 97 feuilles de texte et 55 planches. . . . . 110 fr

PICTET (F.-J.) Mélanges paléontologiques.

1re livraison, contenant quelques notices sur des Céphalopodes crétacés. Paris, 1868: in-4 avec 7 pl. . . . . 8 fr.

2e livraison, contenant Faune à Terebratula diphyoïdes de Berrias (Ardèche). Paris, 1867; in-4 avec 21 pl. . . . . 25 fr.

3e livraison, contenant, étude de Térébratules du groupe de la T. Diphya; in-4 avec 7 pl. . . . . 10 fr.

—— **Description de quelques poissons fossiles du mont Liban.** 1re série. Genève, 1830. 1 vol. gr. in-4, avec 10 pl. . . . 15 fr.

—— **Notice sur les Animaux nouveaux** peu connus du musée de Genève. 1841-1844. Ire, IIe liv. Rats du Brésil. IIIe et IVe liv. Mammifères avec 23 planches coloriées. . . . . 22 fr.

—— **Description d'un veau monstrueux,** formant un genre nouveau (Hétéroïde). Genève, 1850. In-4. . . . . 3 fr.

—— **Notice sur quelques anomalies de l'organisation (Polypage et Pleuromèle).** Genève, 1855. In 4 avec 4 planches. . . 5 fr.

—— **Description de quelques nouvelles espèces de Névroptères.** Genève. 1836. In-4, avec figures. . . . . 2 fr.

—— **Notes sur les organes respiratoires des Capricornes.** Genève, 1836. In-4 avec figures. 1 50

—— **Recherches pour servir à l'histoire et à l'anatomie des Phryganites.** Genève, 1834. 1 vol. in-4, avec 40 pl. col. (40.) . 20 fr.

—— **Histoire naturelle, générale et particulière des insectes Névroptères.** Première monographie. Familles des Perlides. Genève, 1841. 2 vol. in-8 cart. avec 53 pl. gravées et coloriées. (66.). . . . 20 fr.

—— Deuxième monographie. Famille des Éphémérides. Genève, 1843. 2 vol. in-8, cart. avec 47 pl gravées et coloriées. (66.) . . . . 20 fr.

—— **et HUMBERT (N.). Nouvelles recherches sur les poissons fossiles du mont Liban.** Genève, 1866. In-4, de 115 pages et 19 planches. . . . . 25 fr.

PICTET (Ed.). Synopsis des Névroptères d'Espagne. Genève, 1865. In-8 de 124 p. avec 14 pl. grav. et col.. . . . . 20 fr.

PLANCHON (G.), professeur à l'École supérieure de pharmacie de Paris. **Guide pratique** pour la détermination des drogues simples et usuelles. Paris, 1869. 1 vol. in-18 avec figures dans le texte (*sous presse*). . .

—— **Des quinquinas.** Paris, 1866. 1 volume in-8 . . . . . 3 fr. 50

Pour les autres publications de M. Planchon, voir nos Catalogues d'Histoire naturelle.

POTTON, docteur en médecine de la Faculté de Paris. **De la goutte** et du danger des traitements empiriques qui lui sont opposés; de son traitement rationnel. Paris, 1860. 1 vol. in-8. . . . . 2 fr.

PRAVAZ (Ch. G.). Traité théorique et pratique des luxations congénitales du fémur, suivi d'un appendice sur la prophylaxie des luxations spontanées. Paris, 1847. 1 vol. in-4 avec 10 pl. (20). . . . . 12 fr.

PRÉVOST (F.). Des animaux d'appartement.

Voir *Collection de volumes à 1 franc.*

PRÉVOST (Florent), aide-naturaliste de zoologie au Muséum d'histoire naturelle, chevalier de la Légion d'honneur, etc.; et **C. LEMAIRE**, docteur en médecine. **Histoire naturelle des oiseaux d'Europe**. Paris, 1864. 1 beau vol. gr. in-8, cartonné en toile anglaise, non rogné, avec 80 planches gravées en taille-douce et coloriées avec soin, représentant 200 sujets . . . . 25 fr.

— Le même ouvrage, demi-reliure chagrin, non rogné. . . . . . 30 fr.

— **Histoire naturelle des oiseaux exotiques**. Paris, 1864. 1 beau vol. gr. in-8, cartonné en toile anglaise, avec 80 pl. gr. en taille-douce et col. avec soin, représentant 200 sujets . . . . 25 fr.

— Le même ouvrage, demi-reliure chagrin, non rogné. . . . . . 30 fr.

Il n'est rien de plus attrayant, pour les personnes qui ont le goût de l'histoire naturelle, que l'étude des oiseaux et des papillons. Les quatre volumes que nous annonçons (H. Lucas, Florent Prévost et Lemaire) se recommandent aux gens du monde par la netteté des descriptions et la clarté du classement des espèces. Les noms des auteurs sont en outre une garantie de leur valeur scientifique. Le coloris des planches, gravées en taille-douce avec le plus grand soin, a été exécuté d'après les aquarelles des voyageurs et des artistes les plus distingués.

Un traité pour l'empaillage et la chasse des oiseaux, ainsi que pour la préparation et la conservation des papillons et des insectes, accompagne chaque traité.

Voir Lucas.

PUECH, ancien chirurgien, chef interne des hôpitaux de Toulon. **De l'atrésie des voies génitales de la femme.** Paris, 1864. In-4. 5 fr.

— **De l'hématocèle périutérine**. Paris, 1861. In-8. . . 1 fr. 50

— **De l'hématocèle périutérine** et de ses sources. Paris, 1858. 1 vol. in-8. . . . . 3 fr.

— **De l'apoplexie des ovaires**. Paris, 1858. Brochure in-8. 1 fr.

QUANTIN (Émile), docteur en médecine de la Faculté de Paris. **Prostitution et syphilis**. Paris, 1863. 1 vol. in-18. . . . . 1 fr. 25

— **De la chorée**. Dijon, 1859. 1 vol. in-18. . . . . 5 fr.

RAMES (S. B.). **Étude sur les volcans.** Paris, 1866. 1 volume in-32. . . . . 1 fr. 25

RETOURNARD (F.). **Notices sur l'établissement des houblonnières** dites du système à poteaux, fils de fer et ficelles. Rambervillers, 1867, in-18, avec planches. . . . . 75 c.

REY (A.), professeur de jurisprudence, de clinique et de maréchalerie à l'École impériale vétérinaire de Lyon. **Traité de jurisprudence vétérinaire**, contenant la législation sur les vices rédhibitoires et la garantie dans les ventes d'animaux domestiques, suivi d'un **Traité de médecine légale** sur les blessures et les accidents qui peuvent survenir en chemin de fer. Paris, 1865. 1 vol. in-8 de 600 p. . . . . 7 fr. 50

— **Traité de maréchalerie vétérinaire**, comprenant l'étude de la ferrure du cheval et des autres animaux domestiques, sous le rapport des défauts d'aplomb, des défectuosités et des maladies du pied. 2e édition, augmentée. Paris, 1865. 1 vol. in-8, avec 174 fig. dans le texte. . . 9 fr.

RICHARD (Achille) ET MARTINS (Charles). **Nouveaux éléments de botanique** contenant l'organographie, l'anatomie et la physiologie végétales, les caractères de toutes les familles naturelles, par Achille Richard, 9e édit., augmentée de notes additionnelles par Charles Martins, professeur de botanique à la Faculté de médecine de Montpellier, directeur du Jardin des plantes de la même ville, correspondant de l'Institut de

France et de l'Académie de médecine de Paris. Paris, 1864. 1 vol. in-18 avec 500 fig. dans le texte. . . . . 6 fr.

Peu d'ouvrages classiques ont eu la fortune des *Éléments de botanique* de Richard, mais la fortune en ce cas n'a pas été aveugle; et la faveur dont jouit ce livre dans les générations d'étudiants qui se succèdent depuis trente ans se justifie par l'ingéniosité de sa méthode, la lucidité de son exposition et l'attrait de son style. Aucun écrivain n'a exposé la botanique avec cette simplicité qui caractérisait son enseignement oral.

La mort de ce savant n'a nullement ralenti le succès de son œuvre, mais elle pouvait en immobiliser le progrès. En 1852, lors de la publication de la huitième édition, ces Eléments étaient complétement au niveau de la science moderne; mais depuis cette époque les travaux de MM. H. Mohl, Tulasne, Unger, Trécul, Hofmeister, Naegli, de Bary, Pringsheim, A. Gris, H. Schacht, lui ont pour ainsi dire imprimé un mouvement nouveau. Un botaniste qui se glorifie d'avoir été l'élève et l'ami de Richard, M. le professeur Ch. Martins, a, par dévouement pour sa mémoire, accepté la tâche de tenir ce manuel au courant des acquisitions scientifiques contemporaines, et il suffit de parcourir cette neuvième édition pour voir que Richard lui-même n'y eût mis ni plus de conscience, ni plus de talent.

Le lecteur s'assurera en parcourant ce livre de l'importance des additions dont le professeur Martins a enrichi cette édition nouvelle. Il s'est évidemment proposé de remplacer Richard, et ce but, il l'a complétement atteint. Parmi les articles additionnels, nous indiquerons les méats intercellulaires, les vaisseaux du latex, la structure du bois, la respiration végétale, la formation de l'embryon, la parthénogénèse, la fécondation entre espèces différentes et la géographie botanique. En ce qui concerne les familles, le professeur Martins, laissant intacte cette partie de l'ouvrage de Richard, s'est contenté d'y ajouter la liste des familles rangées suivant la méthode de Candolle. Il justifie cette addition par l'extrême facilité que cette classification offre aux commençants.

Cette dernière édition, avec les compléments dont l'a enrichie le professeur Martins, est le tableau extrêmement fidèle de l'état de la science botanique.

RICHARD (de Nancy), directeur de l'École de médecine de Lyon. **Traité de l'éducation physique des enfants.** 3e édition, augmentée. Paris, 1861. 1 vol. in-18. . . . . 4 fr.

— **Commentaire physiologique sur la personne d'Horace.** Paris, 1863. 1 vol. in-18. . . . . 3 fr. 50

RIOUX (J.), docteur en médecine. **La médecine des familles** ou Traité des propriétés médicinales, des plantes indigènes et de celles qui sont généralement cultivées en France; contenant, pour chaque espèce : sa description botanique; ses propriétés alimentaires et médicinales; l'indication de la manière dont on doit l'employer; les soins à prendre pour la récolter, la sécher et la conserver; le traitement de l'empoisonnement par celles qui sont vénéneuses. Paris, 1862. 1 volume in-18. . . 1 fr.

ROLLAND DU ROQUAN. Description des coquilles fossiles de la famille des rudistes, qui se trouvent dans le terrain crétacé de Corbières (Aude). Carcassonne, 1841. Avec 8 pl. (9 fr.). . . . . . . 3 fr.

ROLLET (S.), ancien élève de l'École des mines. **Cours élémentaire et pratique du chauffage,** de l'entretien et de la conduite des chaudières à vapeur, fixes, locomobiles, locomotives et de bateaux à vapeur. Paris, 1857. 1 vol. in-4, avec planches. . . . . 6 fr.

ROUX. Traité pratique de l'éducation des abeilles. Paris, 1856. 1 vol. in-18, avec figures dans le texte . . . . 2 fr

SABATIER (A.), professeur agrégé à la Faculté de médecine de Montpellier. **Recherches anatomiques et physiologiques** sur les appareils musculaires correspondants à la vessie et à la prostate dans les deux sexes. Paris, 1864, in-8 avec 4 pl. . . . . 3 fr. 50

— **Réflexions sur un cas rare de transposition générale des viscères,** avec conservation de la direction normale du cœur. Paris, 1865. 1 vol. in-8 avec pl. . . . . 2 fr.

— **De l'absorption.** Paris, 1866, in-8. . . . . 3 fr. 50

SAINT-CYR, professeur à l'École vétérinaire de Lyon. **Recherches anatomiques, physiologiques et cliniques, sur la pleurésie du cheval.** Paris, 1860. 1 vol. in-12. . . . . 2 fr. 50

SALES-GIRONS, médecin inspecteur de l'établissement de Pierrefonds, rédacteur de la *Revue médicale* **Traitement de la phthisie pulmonaire** par l'inhalation des liquides pulvérisés et par les fumigations de goudron. Paris, 1860. 1 vol. in-8 de 600 pages. . . . . 5 fr.

SECCHI (R. P.), directeur de l'Observatoire romain, membre correspondant de l'Institut de France, etc. **De l'unité des forces physiques dans la nature**, traduit de l'italien sous les yeux de l'auteur, par M. Deleschamps. Paris, 1868. 1 vol. in-18 avec figures dans le texte. 6 fr.

SCHACHT (H). Le microscope et son application spéciale à l'étude de l'anatomie végétale, traduit de l'allemand sur la troisième édition, par Paul Dalimler. Paris, 1865. 1 vol. in-8 avec 110 fig. dans le texte et 2 pl. 8 fr.

SÉMANAS. Doctrine pathogénique fondée sur le digénisme phlegmasi-toxique et ses composés morbides. Paris, 1858. 1 vol. in-8. (4 fr. 50). . . . . 2 fr.

— **Traité des frictions quiniques chez les enfants.** Paris, 1859. 1 vol. in-8. (4 fr. 50). . . . . 2 fr.

SERAINE (Dr Louis). De la santé des gens mariés, ou physiologie de la génération de l'homme et hygiène philosophique du mariage. 2e édition. Paris, 1866. 1 beau vol. in-18 de 400 p.. . . . . 3 fr.

SOMMAIRE DES PRINCIPAUX CHAPITRES DE LA TABLE DES MATIÈRES.

I. Du sens génésique. — II. Des organes reproducteurs. — III. Limite de la puissance sexuelle. — IV. Du mariage et de la maternité. — V. Du célibat et de ses inconvénients. — VI. Conformation vicieuse des organes reproducteurs. — VII. Syncope génitale. — VIII. Atonie des organes. — IX. Perversion nerveuse. — X. Absence ou vice de composition des germes. — XI. Hérédité de structure. — XII. Hérédité physiologique. — XIII. Hérédité de quelques diathèses. — XIV. Hérédité de quelques névropathies. — XV. Hérédité morale.

Depuis longtemps il nous semblait regrettable qu'il n'existât pas sur ces questions un livre sérieux et honnête écrit au nom de la science, dans un style simple et chaste, où les personnes mariées puissent étudier sans rougir ce sujet qui les intéresse si fort dans leur personne et leur postérité. Nous nous sommes efforcé de combler cette lacune. L. Seraine.

SERINGE (N. C.). Description et culture des mûriers, leurs espèces et leurs variétés. Paris, 1855. 1 vol. grand in-8, avec figures dans le texte, accompagné d'un atlas in-4 de 27 planches. . . . . 9 fr.

SÉRULLAZ, docteur en médecine, lauréat de l'Académie de médecine de Paris. **Mémoire sur le traitement du croup** par la cautérisation laryngée. Nouveau procédé. Paris, 1863. Brochure in-8. . . . . . 1 fr.

SERVE. Mémoire sur les flueurs blanches et leur traitement par l'iodure de potassium et les injections de coloquinte. Paris, 1843. In-8. . . . . 2 fr.

TERQUEM et PIETTE. Le lias inférieur de l'est de la France. Paris, 1865. In-4 de 176 p. avec 18 pl. de fossiles. . . . . 15 fr.

TISSERANT (E.), professeur à l'École vétérinaire de Lyon. **Guide des propriétaires et des cultivateurs** dans le choix, l'entretien et la multiplication des vaches laitières. 2e édition. Paris, 1861. 1 vol. in-12, avec gravures. . . . . 2 fr.

TOURNIER (Émile). Nouveau Manuel de chimie simplifiée pratique et expérimentale sans laboratoire, manipulations, préparations, analyses contenant : 1° des ustensiles, appareils et procédés d'opérations les plus faciles ; 2° principes de la chimie, préparation, étude et usage des corps minéraux et organiques avec les noms anciens et nouveaux, expériences, procédés, recettes d'économie domestique et industrielle, etc. ; 3° précis d'analyse, essais, recherche des falsifications. Paris, 1867. 1 vol. in-18 avec 300 figures dans le texte. . . . . 2 fr. 50

TRAITÉ DE BOTANIQUE divisé en trois parties comprenant : 1° l'anatomie et la physiologie végétale ; 2° la classification des végétaux selon la méthode de Jussieu ; 3° l'herborisation avec l'indication des plantes médicinales les plus usuelles de leurs différentes propriétés et de leur emploi particulier. 2e édition, augmentée d'un vocabulaire français-latin des principaux termes de botanique, d'un index alphabétique de tous les noms de plantes cités. Paris, 1853. 1 vol. in-8, avec 27 planches et 3 tableaux. 3 fr.

TRIQUET, médecin et chirurgien du dispensaire pour les maladies de l'oreille, ancien interne lauréat des hôpitaux (médaille d'or 1849), etc. **Leçons cliniques sur les maladies de l'oreille,** ou Thérapeutique des affections aiguës et chroniques de l'appareil auditif. Paris, 1863. 1 vol. in-8 avec fig. dans le texte. . . . . 4 fr.

TRUTAT (Eugène), conservateur du Musée d'histoire naturelle de Toulouse, etc. **Etude sur la forme générale des crânes chez l'ours des cavernes.** (Extrait d'un Traité de paléontologie quaternaire.) Paris, 1866. In-8 de 20 pages, tabl. et 2 pl. . . . . 2 fr.

VACHER (L.), docteur en médecine. **Étude médicale et statistique** sur la mortalité à Paris, à Londres, à Vienne et à New-York en 1865, d'après les documents officiels, avec une carte météorologique et mortuaire. Paris, 1866. 1 vol. in-8. . . . . 6 fr.

Population de Paris, de Londres, de Vienne et de New-York. Population de Paris à différentes époques. De l'air et des lieux. — Observations météorologiques faites à Paris, à Londres, à Vienne et à New-York en 1865. Des eaux publiques à New-York, à Vienne, à Londres, à Paris, à Rome. Tableau comparatif de la distribution des eaux publiques dans ces capitales. Mortalité en 1865 dans les 4 capitales, par mois et par âge, à domicile et aux hôpitaux dans les 4 capitales, par arrondissement à Paris. — Tableau présentant la mortalité de chaque arrondissement, sa population absolue et spécifique, son altitude moyenne, sa richesse évaluée à l'aide de l'impôt foncier par maison, de la contribution mobilière par appartement, et du nombre des indigents. Mortalité comparée aux naissances à Paris en 1865. Variation de la mortalité à Paris de 1670 à 1865. Vie moyenne à différents âges à Paris. Mortalité par causes de décès. Maladies zymotiques. Petite vérole. Fièvre typhoïde. La fièvre typhoïde est-elle devenue plus meurtrière depuis la découverte de la vaccine ? Rougeole. Scarlatine. Diphthérie. Croup. Coqueluche. Erysipèle. Fièvre puerpérale. Influences météorologiques. Fièvre intermittente. Choléra. Mortalité pendant les épidémies de 1832, 1849, 1854, 1865. Influence de la densité de la population, de l'altitude des quartiers, de la misère, de la nature du sol, des eaux potables. Les eaux de Seine à Paris, pendant le choléra de 1865. Influence météorologiques. Choléra dans ses rapports avec les autres maladies régnantes. Maladies diathésiques ou constitutionnelles. Cancer. Phthisie pulmonaire. Influence de l'âge, du sexe, des saisons, des climats, de la misère. Maladies du système nerveux. Apoplexie cérébrale. Maladies du cœur. Maladies des organes respiratoires. Pneumonie. Influence de l'âge, du sexe, des saisons, de la misère. Maladies de l'appareil digestif. Maladies de l'appareil génito-urinaire. Débilité et vices de conformation. Morts violentes. Morts accidentelles. Meurtres. Suicides.— Du suicide à différentes époques dans les quatre capitales. Détails divers sur le suicide à Paris. Accroissement du nombre des suicides à Paris. Les idées démocratiques sont-elles responsables de ce résultat? Mort-nés. Chiffres considérable des mort-nés à Paris. Résumé et conclusion. Des réformes à introduire dans le service sanitaire de Paris, et dans le Bulletin de statistique municipale.

VACHER (L.). Des maladies populaires et de la mortalité à Paris, à Londres, à Vienne, à Bruxelles, à Berlin, à Rockaden et à Turin en 1866, avec une étude médico-hygiénique sur les consommations dans ces villes. 2e année. Paris, 1867. In-8. . . . . 3 fr.

— **Carte présentant l'état météorologique et la mortalité à Paris en 1865.** 1 gr. feuille jésus. . . . . 2 fr.

Cette carte donne le tracé graphique et jour par jour de toutes les circonstances météorologiques et de la mortalité, ainsi que la mortalité relative pour chacun des 20 arrondissements, des détails sur la mortalité à Paris à différentes époques, etc.

VAN DEN BROEK (Victor). Catéchisme agricole. Notions très-élémentaires des sciences naturelles considérées dans leurs rapports avec l'agriculture; ouvrage spécialement destiné aux écoles rurales. 1855, 1 vol. in-18. . . . . 75 c.

VAN HOLSBEEK, ancien interne des hôpitaux, etc. **Le médecin de la famille.** Paris, 1861. 1 vol. in-18, avec pl. col. . . . . 4 fr.

VERNEUIL, Professeur à la Faculté de médecine de Paris. (*Voir* Philipeaux (R.)

VERNEUIL (E. de) ET COLLOMB (E). Membres de la Société géologique de France. **Carte géologique de l'Espagne et du Portugal,** d'après leurs propres observations faites de 1844 à 1862, celles de M. C. de Prado, Botella, Schulz, A. Maestre, Aranzazu, Bauza, J. de Vilanova, E. Fauchez, F. de Lujan, de Lorière, Dufrénoy et Elie de Beaumont, Le Play, Jacquet, Vezian pour l'Espagne et celles de MM. C. Ribeiro et Sharpe pour le Portugal. Paris, 1868. 1 feuille col. avec un texte explicatif. . . . 15 fr.

VERRIER. Manuel pratique de l'art des accouchements, précédé d'une préface par Pajot, professeur agrégé à la Faculté de médecine de Paris. Paris, 1867. 1 vol. in-18 de 700 p. avec 87 gr. dans le texte. . . . . 6 fr.

Ce manuel est le *vade-mecum* de l'étudiant et du praticien ; il a pour parrain un des hommes les plus populaires de la Faculté de Paris, le professeur Pajot, qui en a écrit la préface.

Le livre est divisé en cinq parties, qui comprennent : l'anatomie du bassin et des organes génitaux de la femme, — l'étude de la gestation, les changements anatomiques de l'utérus et de ses annexes pendant la grossesse, l'accouchement proprement dit, ou l'étude des présentations et des positions, — la dystocie, — les manœuvres et opérations.

De nombreuses figures, extraites pour la plupart du Traité complet d'accouchements de M. Joulin, rendent le texte plus clair et plus facile. Ce manuel, très-portatif, est écrit avec précision, avec méthode, et il est appelé à rendre de nombreux services, non-seulement aux élèves qui veulent apprendre et retenir, mais encore aux praticiens qui ont quelquefois besoin de se souvenir. Il est le reflet de l'enseignement de M. Pajot, avec qui l'auteur s'est identifié.

— **Cours public d'accouchements.** Historique de l'art des accouchements. Leçons d'ouverture (3 décembre 1861) recueillies par M. Violli. In-8. . . . . 1 fr.

— **Lettres sur l'enseignement médical en Belgique.** Paris, 1867. In-8. . . . . 1 fr. 25

— **Parallèle entre le céphalotribe et le forceps-scie,** Mémoire lu à l'Académie impériale de médecine. Paris, 1866. In-18 de 60 p. 75 c.

VÉZIAN (Alexandre), professeur à la Faculté des sciences de Besançon, membre de la Société géologique de France. **Prodrome de géologie,** Paris, 1863-1866. 3 vol. in-8, publiés en 10 livr. Ouvrage complet. 25 fr.

Constitution physique du globe au point de vue géologique. — Origine, du mode d'accroissement et de la structure générale de l'écorce terrestre. — Phénomènes géologiques qui ont leur siége à la surface des continents et sur le sol émergé. — Des phénomènes géologiques qui s'accomplissent au sein des eaux et sur le sol immergé. — Phénomènes géologiques dont le siége est dans l'intérieur de l'écorce terrestre. — Phénomènes dont le siége est dans l'intérieur de l'écorce terrestre, action geysérienne, métamorphisme. — Actions dynamiques qui s'exercent sur l'écorce terrestre; stratigraphie générale. — Stratigraphie systématique; systèmes de montagnes. — Structure intérieure et configuration générale de l'écorce terrestre. — Intervention de l'organisme dans les phénomènes géologiques. — Révolutions de la surface du globe. — Classification et description des terrains de la série paléozoïque. — Classification et description des terrains de la série mésozoïque. — Classification et description des terrains de la série néozoïque.

Pour les autres publications de M. Vézian, voir nos Catalogues d'Histoire naturelle.

VIN SANS RAISIN (**Le**), ou manière de fabriquer soi-même toute espèces de vins et boissons économiques à l'usage des ménages depuis 3 centimes le litre. 2e édition, 1856. 1 vol. in-18. . . . . 1 fr.

WAGNER (H.). Phanerogamen-Herbarium. Bielefield, 1858. Petit in-folio, de 8 livraisons, contenues dans un carton en toile anglaise renfermant 200 échantillons collés et étiquetés avec soin. . . . . 20 fr.

Liv. I, Ranunculaceen, Cruciferen. — II, Cruciferen, Lineen. — III, Lineen Papilionaceen. — IV. Papilionaceen-Grossuiarieen. — V. Saxifrageen Stellaten. — VI. Rubiaceen-Oleineen. — VII. Asclepiadeen-Primulaceen. — VIII. Oleraceæ Liliaceæ.

—— **Cryptogamen Herbarium.** Bielefield, 1860. In-8 de 9 livraisons contenues dans un carton en toile anglaise renfermant 200 échantillons collés et étiquetés avec soin. . . . . 12 fr.

Liv. I à III, Laubmoose. — IV et V. Lebermoose. — VI et VII, Flechten. — VIII, Algen. — IX. Pilze und Gefass-Cryptogamen.

—— **Gras Herbarium.** Bielefield. Petit in-folio de 8 livraisons contenues dans un carton en toile anglaise renfermant 200 échantillons collés et étiquetés avec soin. . . . . 20 fr.

Liv. I à III, Juncaceen. — IV, V. — Cyperaceen. — VI, VIII, Gramineceæ.

—— **Herbarium Medicinalis.** Bielefield, 1861. Petit in-folio de 4 livraisons contenues dans un carton en toile anglaise formant 100 échantillons collés et étiquetés avec soin. . . . . 10 fr.

WALPERS (G. G.). Repertorium botanices systematicæ. Lipsiæ, 1842-1848. 6 vol. in-8. . . . . 140 fr.

—— **Annales botanices systematicæ**, Synopsis plantarum phanerogamicarum novarum omnium (continuation de Walpers par Karl Müller). Lipsiæ, 1848-1868. 7 vol. in-8. . . . . 180 fr.

WEST (Charles), Membre du Collége royal des médecins, Examinateur d'accouchements à l'Université de Londres, Médecin de l'hôpital des enfants, et premier accoucheur des hôpitaux de Saint-Barthélemi et de Midlesex. **Leçons sur les maladies des femmes**, traduit de l'anglais sur la 3e édition par Mauriac, médecin des hôpitaux. Paris, 1868 1 fort vol. in-8. (*Sous presse.*)

PUBLICATIONS PÉRIODIQUES

ADANSONIA. Recueil périodique d'observations botaniques, rédigé par H. Baillon, professeur d'histoire naturelle à la Faculté de médecine de Paris, publié mensuellement par livraisons gr. in-8 avec planches gravées.
Prix de l'abonnement . . . . 15 fr. »
Prix des tomes I à V réunis, au lieu de 75 fr. . . . . 62 fr. 50
Prix des tomes VI, VII, VIII, chacun. . . . . 15 fr. »

BULLETIN DE LA SOCIÉTÉ GÉOLOGIQUE DE FRANCE.
Première série, 14 volumes in-8, avec planches. — Deuxième série, 23 vol. in-8, avec planches. Les deux séries. (1110). . . . . 450 fr.
L'année 1868, correspondant au tome XXV. Prix de l'abonnement. 30 fr.

BULLETIN DE LA SOCIÉTÉ LINNÉENNE DE NORMANDIE, publié depuis 1855. 8 volumes in-8, avec planches. . . . . 36 fr.

BULLETIN DE LA SOCIÉTÉ PHILOMATHIQUE DE PARIS
Se publie par cahiers trimestriels in-8, depuis le mois de mai 1864. Prix de l'abonnement. . . . . 5 fr.

GAZETTE DES EAUX. Revue hebdomadaire des eaux minérales des bains de mer et de l'hydrothérapie publié le jeudi depuis le premier mai 1859, par M. Germond de Lavigne.
Pour la France, prix de l'abonnement, un an. . . . . . . 15 fr.
— 6 mois. . . . . 9 fr.
Pour l'étranger suivant les tarifs.
Prix de la collection, 10 volumes grand in-4. . . . . 70 fr.

JOURNAL DE CONCHYLIOLOGIE, comprenant l'étude des mollusques vivants et fossiles, publié trimestriellement sous la direction de MM. Crosse et P. Fischer. Prix de l'abonnement pour la France. . . . . . . 14 fr.
Pour les départements. 15 fr.
Pour l'étranger. . . . . 18 fr.
Pour les pays d'outre-mer. . . . . 20 fr.
Prix de la collection, 15 vol. in-8, avec pl. noires et coloriées. 210 fr.

MÉDECINE CONTEMPORAINE (LA), publié le 1er et le 15 de chaque mois, par M. Emile Duval. Prix de l'abonnement pour la France. . 5 fr.
Pour l'étranger. . . . . 8 fr.

MÉMOIRES DE LA SOCIÉTÉ GÉOLOGIQUE DE FRANCE.
Première série. 5 volumes en 10 parties, in-4, avec planches. . . 100 fr.
Deuxième série. 8 volumes en 17 parties, in-4, avec planches. . . . 188 fr.

MÉMOIRES DE LA SOCIÉTÉ LINNÉENNE DE NORMANDIE, publié depuis 1824. 14 volumes in-4 avec planches. . . . . 250 fr.
Cette collection renferme de nombreux travaux de MM. Eudes et Eugène Deslongchamps, de Fromentel, de Ferry, Fauvel, etc.

REVUE D'HYDROLOGIE MÉDICALE française et étrangère, et clinique des maladies chroniques, publié mensuellement l'hiver et bimensuellement l'été, par MM. Delacroix, Eugel, Hugueny, Jaquemin, Méder, Morpain, Ritter, Robert, Willemin. Prix de l'abonnement. . . . . 10 fr.
Pour l'étranger. . . . . 12 fr.

REVUE DES JARDINS ET DES CHAMPS. Bulletin mensuel d'horticulture, publié par Cherpin, depuis 1860. Prix de l'abonnement . . 7 fr. 50
Prix de la collection, 9 vol. in-8. . . . . 67 fr. 50

PARIS. — IMP. SIMON RAÇON ET COMP., RUE D'ERFURTH, 1.

www.ingramcontent.com/pod-product-compliance
Ingram Content Group UK Ltd.
Pitfield, Milton Keynes, MK11 3LW, UK
UKHW020308180726
13839UKWH00001B/412

9 782329 328393